プルデンシャル生命保険
チーム「Make a Chance」

人生でチャンスをつかむ女性の10の法則

プロフェッショナルビジネスウーマン

プレジデント社

はじめに

輝きたいすべての女性にチャンスを！

皆さんは今、自分が「輝いている」という実感を味わえていますか？

世の女性たちの多くは、仕事やキャリア、そして人生に向き合うにあたり、人それぞれの悩みを抱えています。

がんばっているのに、納得のいく評価が得られず、キャリアが進展しない。
もっと成長したいのに、その機会に恵まれない。
仕事において、自分の「強み」と言えるものを活かしきれていない。
自分は本当は何がやりたいのかわからない。
日々の充実感はあるけれど、先の夢や目標といったものは見出せていない。
壁にぶつかって立ち止まり、迷っている。
チャレンジしたいことがあるが、失敗への不安から一歩を踏み出せない――。

また、ライフイベントが仕事やキャリアに大きな影響を及ぼすのも、女性ならではの課題です。この先、結婚、出産したらどんなスタイルで働いていくか、模索している女性は少なくありません。

あるいは、今まさに育児中で満足のいく働き方ができておらず、このままキャリアが閉ざされる不安を感じている女性もいることでしょう。

「世の中のすべての女性が自分らしく輝くチャンスをつかめるようにお手伝いしたい」

そんな想いを抱くメンバーと、プロフェッショナルとして成功する女性を次々に輩出してきたプルデンシャル生命保険会社が手を結び、立ち上げたのが、「Ｍａｋｅ ａ Ｃｈａｎｃｅ Ｐｒｏｊｅｃｔ（メイク・ア・チャンス・プロジェクト）」です。

キャリア支援のプロ、ブランディングのプロなどが集まり、プルデンシャル生命とともに、「どうすれば女性たちがチャンスを手に入れ、輝けるのか」を話し合いました。

そして、その答えを導き出すためには、実際に成功している女性たちがどのような意識や姿勢を持ち、どう行動してきたのかを探るのが近道と考えました。

そこでプルデンシャル生命で輝きながら働いているライフプランナーの女性たちに調査とインタビューを実施。彼女たちの仕事は皆さんがイメージしている「営業」ではなく、その活動内容には、「マーケティング」「人間関係構築」「課題分析」「企画立案」「プレゼンテーション」「セルフマネジメント」など、あらゆるビジネスの要素が含まれています。つまり、すべての職種のビジネスパーソンに通じる「成功のヒント」が隠されているはずです。

実際に調査、インタビューをしてみると、彼女たちの多くに共通する「成功法則」があることが浮き彫りになりました。

私たちチーム「Make a Chance Project」は、発見した法則を「10の法則」として次のようにまとめました。

1　第一印象の前に、第0《ゼロ》印象

2　質問上手は、1聞いて10引き出す人

3　昨日の自分より、1ミリ前に出る

4　できない理由を裏返すと、できる方法が見つかる
5　自分スイッチを多く持つ
6　論理だけでも感情だけでも人は動かない
7　大きな決断は、99％直感に従う
8　壁がみえたらラッキーと思う
9　しなやかさと図々しさを武器にする
10　仕事もプライベートも、五感は３６０度フル稼働

あなたがピンと来るものはありますか？　人それぞれ、響いてくるものは異なるのではないでしょうか。

本書では、これら10の法則について、その意味や大切さを解説していきます。

そして、これらの成功法則を体現している女性たち十人にインタビューを行い、彼女たちがどんな想いで、どう行動してきたのかを聞いてみました。

インタビューの対象者は、生保業界で卓越した営業力を誇るプルデンシャル生命において、トップレベルの業績を挙げ、営業職の最高位である「エグゼクティブ・ライフプランナー」と「シニア・コンサルティング・ライフプランナー」の称号を獲得した女性たち、また「支社長」というポジションへの就任を果たした女性たちです。いずれの女性も、まったくの異業種から未経験でライフプランナーに転職し、活躍しています。

そうした高いレベルの成功を収めることができた女性たちですから、突出した才能や人脈に恵まれている人物を想像しますが、話をしてみると決してそうとは限らないことがわかります。

彼女たちは、日々の地道な努力と工夫の積み重ねによって、自身の弱みをカバーし、強みを伸ばしているのです。そして、努力を続けるための意識付けをしっかりと行っています。

本書でご紹介する十人、二十九のエピソードの中には、チャンスをつかみ、成功を手に入れるためのヒントが詰まっています。

もちろん、ここに書かれているすべてを真似して実行する必要はありません。あなたが共感できるもの、あなたにフィットしたものをピックアップし、取り入れてみてはいかがでしょうか。がんばり方を少し変えてみることで道が拓けるかもしれません。

本書が、あなたがチャンスをものにし、幸せな人生を切り拓くきっかけになることを心より願っています。

チーム「Make a Chance」

法則1

第一印象の前に第0《ゼロ》印象

法則2

質問上手は1聞いて10引き出す人

法則3

昨日の自分より1ミリ前に出る

法則
4

できない理由を裏返すとできる方法がみつかる

法則5

自分スイッチを多く持つ

法則 6

論理だけでも感情だけでも人は動かない

法則7

大きな決断は99%直感に従う

法則8

壁がみえたらラッキーと思う

法則
9

しなやかさと図々しさを武器にする

法則10 仕事もプライベートも五感は360度フル稼働

Professional Business Woman

プルデンシャル生命で働く 10人の女性達

矢澤《やざわ》 千絵《ちえ》

千葉支社 2000 年 7 月入社
MDRT 終身会員／社長杯入賞回数 13 回

エグゼクティブ・ライフプランナー（営業最上級職）
前職：石油会社・企画

東京都生まれ。上智大学外国語学部卒業。大学卒業後、石油元売会社の総合職としてCS（Customer Satisfaction）業務に従事。プルデンシャル生命の企業理念の一つである「Customer Focused」に共感し、転職した。プルデンシャル生命で女性初の「エグゼクティブ・ライフプランナー」に認定され、社内の諮問委員会のメンバーを務めたほか、大学で営業学の講義を行うなど社内外で幅広く活躍している。趣味は合唱、ピアノ、絵画鑑賞、文房具コレクション。海外出張の際、友人にプレゼントするペンを探して歩くのが楽しみ。迷ったときは「自分がしてほしいようにお客さまにする」を信条とする。

甲斐《かい》 貴子《たかこ》

福岡支社 2004 年 10 月入社
MDRT 終身会員／社長杯入賞回数 9 回

エグゼクティブ・ライフプランナー（営業最上級職）
前職：病院・看護師

佐賀県生まれ。国立病院九州がんセンター附属看護学校卒業後、看護師となる。命を救うための仕事をしてきたが、自身が難病を患ったのを機に、一家の大黒柱が亡くなったとき残された家族を守る仕事に意義を感じ、ライフプランナーに転身。入社以来、ひと月の成約が12件を割ったことがない（月平均契約が3〜4件といわれる保険業界では驚異的記録）。2016年、プルデンシャル生命で女性として2人目のエグゼクティブ・ライフプランナーに認定された。プライベートでは2人の子どもを育てる母親。趣味もなく、仕事と家庭に追われる毎日だが、深夜の一人晩酌でリフレッシュ&リセットしている。好きな言葉は「なせば成る」。

小野寺《おのでら》 美紀子《みきこ》

千葉支社 2002 年 10 月入社
MDRT 会員／社長杯入賞回数 6 回

シニア・コンサルティング・ライフプランナー
前職：カーディーラー・営業

千葉県生まれ。千葉敬愛短期大学卒業。大手カーディーラー勤務を経て、プルデンシャル生命に転職。入社後4年連続で「社長杯」に入賞。その後6年間は入賞から遠のいていたが、再び奮起して2012年に復活入賞を遂げ、以降連続入賞を果たしている。社会貢献活動にも取り組んでおり、2015年はSOC（PRUDENTIAL SPIRIT OF COMMUNITY：ボランティア・スピリット賞。中学生・高校生のボランティア活動を応援する取り組み）の表彰式で司会を務めた。趣味は、ゴルフ、ベリーダンス、料理、ホームパーティ、旅行など多彩。気の合う仲間とワインを楽しむことも。好きな言葉は「信じて叶える」「出逢いは必然」「一笑懸命」。

江森《えもり》 陽子《ようこ》

首都圏第八支社 2005 年 3 月入社
MDRT 会員／社長杯入賞回数 8 回

シニア・コンサルティング・ライフプランナー
前職：製薬会社・MR

東京都生まれ。城西大学薬学部卒業。大手製薬会社で10年間、MR（医薬情報担当者）として150以上の医療機関への営業を担当。より「お客さま第一主義で、お客さまと長く付き合える」営業を目指し、プルデンシャル生命に転職。「社長杯」に連続入賞を果たすほか、所属営業所の営業コンテスト日本一にも貢献した。女性ライフプランナーの自主的な研修組織である「女性の会」の第3代会長も務める。知識とマインド、両方の自己啓発にも積極的に取り組んでいる。最近では人のタイプを3分類する「個性学」を研究しており、顧客開拓、顧客とのコミュニケーションに活かしている。好きな言葉は「すべては自分で選んだこと」「人生一度きり」。

竹本《たけもと》 亜紀《あき》

東京第七支社 2009 年 1 月入社
MDRT 会員／社長杯入賞回数 8 回

シニア・コンサルティング・ライフプランナー
前職：スポーツ用品メーカー・人事

大阪府生まれ。園田学園女子大学英文学部卒業。大阪の大手カーディーラーで営業としてトップクラスの業績を挙げていたが、結婚を機に退職。夫の転勤に伴って東京に移り、スポーツ用品メーカーで人事を務めた後、プルデンシャル生命に転職した。「社長杯」に連続入賞を果たし、2012年・2013年には女性ライフプランナーとして業績トップに立った。仕事で輝く女性のロールモデルとして、さまざまな企業からの依頼に応じ、セミナー講師を務め、好評を博している。趣味は茶道で、準師範の免状も持つ。健康管理には人一倍気を遣っており、「だしを取る」「一日一杯のお味噌汁を飲む」ことを習慣づけている。好きな言葉は「袖振り合うも多生の縁」。

根岸《ねぎし》 由佳《ゆか》

大阪第七支社 2008 年 9 月入社
MDRT 会員／社長杯入賞回数 8 回

シニア・コンサルティング・ライフプランナー
前職：主婦

広島県生まれ。専修大学商学部卒業。学生時代はバスケットボールに情熱を注ぎ、プロを目指していた。大学卒業後、大手コンビニエンスストアチェーン本部でスーパーバイザーとして活躍し、結婚を機に退職。以来２年間は家庭生活を優先し、主婦として生活していたが、「再び情熱を注げるもの」「自分の存在価値を発揮できる場所」を探し続けていた。プルデンシャル生命からヘッドハンティングを受けて再就職。女性ライフプランナーでトップに立ったほか、プルデンシャルグループのグローバルセールス部門で表彰されるなど、高い成績を収めている。好きな言葉は「思いが行動を作り、行動は習慣を作り、習慣が人格を作り、人格が人生を作る」。

重松《しげまつ》 和佳子《わかこ》

東京第一支社 2009 年 1 月入社
MDRT 会員／社長杯入賞回数 6 回

シニア・コンサルティング・ライフプランナー
前職：製薬会社・営業

群馬県生まれ。慶應義塾大学文学部卒業。外資系消費財メーカーで営業を務めた後、プルデンシャル生命に転職。1年目から「社長杯」に上位入賞、2年目に女性ライフプランナーの中でNo.1の成績を収める。相続対策・事業継承などをテーマにしたセミナー・講演を企業や医療法人などで行うほか、「営業職の面白さ、やりがいと、その実践的ノウハウを若い人に伝えたい」と大学での講義も積極的に行っている。イチロー選手が好きで、車のナンバーは「51」。「大きなことを成し遂げるには小さなことを積み上げる」という信条に共感している。2016年5月に第1子を出産。「常にベストを尽くし、子どもが誇れる親になる」という決意を新たにした。

秋葉《あきば》 雅代《かよ》

首都圏第九支社 2010 年 10 月入社
MDRT 会員／社長杯入賞回数 6 回

シニア・コンサルティング・ライフプランナー
前職：商社・営業

東京都生まれ。日本女子体育大学舞踊学専攻卒業。エレクトロニクス商社勤務を経てプルデンシャル生命に転職し、1年目から「社長杯」に入賞。2014年度は過去最高の「ゴールドプライズ賞」を受賞した。2015年、女性では最速最年少で副部長に就任し、同年には全女性ライフプランナーの中で過去最高業績でNo.1となる。MDRTにも1年目から連続入会を果たし、2015年にはMDRTの3倍基準COT（Cout of the table）を達成し、業界の1%にランクイン。生命保険を活用した企業のリスクマネジメント、退職金・相続対策、事業承継などに関するコンサルティング、また若手ビジネスパーソンや管理職向けの営業力アップセミナーが好評で、さまざまな業界から依頼を受けている。趣味は温泉、ワイン、ホームパーティ。好きな言葉は「継続は力なり」「利他の心」。

長谷川《はせがわ》 尚子《なおこ》

千代田第六支社 2002年11月入社

支社長
前職：フィットネスクラブ・管理職

東京都生まれ。獨協大学外国語学部英語学科卒業。ボディビルディング1985年ミス東京、1988年ミス日本チャンピオン。前職はフィットネスクラブのインストラクター、店舗責任者。プルデンシャル生命に転職後は、女性初の管理職、支社長に就任。女性の活躍を支援する「Make a Chance Project」を立ち上げ、全国でセミナーを開催。この功績により「特定非営利活動法人ジャパン・ウィメンズ・イノベイティブ・ネットワーク（J-Win）」において「J-Winダイバーシティ・アワード」の2015年度個人賞にノミネートされた。趣味はゴルフ、アメリカンフットボール、週末に愛犬とドッグランに行くこと。好きな言葉は「他人に優しく、自分に厳しく」。

冨田《とみた》 香織《かおり》

首都圏第九支社 2008年9月入社

支社長
前職：不動産会社・企画

青森県生まれ。女子美術大学芸術学部卒業。不動産会社で新築マンションの企画・開発を手がけ、管理職も務めた。プルデンシャル生命に転職後は、ライフプランナーとして1年半活動した後、管理職となり、2016年に女性2人目の支社長に就任した。「じっくり話を聴く」というマネジメントスタイルで、高業績のライフプランナーを育成・輩出している。趣味は、18年続けているステンドグラス製作のほか、ダイビング、ランニング、ピラティスなど。料理も得意で、友人を招いてホームパーティを開くことも多い。好きな言葉は「チャンスはピンチの顔をしてやってくる」「モチベーションで仕事する人は二流。使命感で仕事する人は一流」。

MDRTとは：
世界67の国と地域の500社以上で活躍する、43,000名以上（2015年8月現在）の会員を有する、卓越した生命保険と金融サービスの専門家による国際的かつ独立した組織。世界中の生命保険・金融サービス専門職の毎年トップクラスのメンバーで構成され、そのメンバーは相互研鑽と社会貢献を活動の柱とし、ホール・パーソン（バランスのとれた人格を志向すること）を目指し、努力している。またMDRT会員は卓越した商品知識をもち、厳しい倫理基準を満たし、優れた顧客サービスを提供しています。ビジネスと地域社会のリーダーとして、生命保険と金融サービスの専門家として世界中で認知されている。

社長杯（President's Trophy Contest）とは：
1年を通して実施している、プルデンシャル生命の営業社員を対象としたコンテスト。入賞人数の制限はなく、一定基準を超えた営業社員が（コンベンションで）表彰される。ただし、その基準は非常に厳しく、上位2割前後の社員しかクリアできないレベルのものである。また、達成したレベルに応じて「プライズ」と呼ぶランク分けがあり、高いほうから、Super Gold Prize / Gold Prize / Silver Prize / Super Bronze Prize / Bronze Prize と5段階に区分けされている。その中で第1位の社員が、President's Trophy Championと呼ばれ、全社から賞賛される。

Professional Business Woman

法則 1　第一印象の前に第0《ゼロ》印象

「初対面の人に会うとき、第一印象が大切」。それは多くの人が心得ていることでしょう。事実、人は最初の二、三秒で相手の印象を決めると言われています。良い第一印象を与えておけば、後で欠点を見せてしまった場合も、好意的に捉えてもらいやすくなるものです。

では、あなたがこれから初対面の人に会うとして、第一印象を良くするためにはどうしますか？

「身だしなみを整える」「笑顔を心がける」「しっかりと挨拶する」……そんな対策を思い浮かべる人が多いのではないでしょうか。

しかし、その前にまずすべきことがあります。

それは「相手はどんな人か」「自分に対してどんな印象を持ってもらいたいか」を考えることです。「明るく元気ハツラツな人」「おだやかで優しい雰囲気の人」「知的で落ち着いた感じの人」……どんなタイプの人に好印象を抱くかは、人によって異なるもの。想像力を働かせ、相手が良い第一印象を持つ人物とはどんな人なのかをイメージし、それに合わせた準備をすることが大切です。

さて、服装や持ち物などはすぐに揃えることができますが、第一印象の重要な要素である「表情」「姿勢」「口調」などは、その場で簡単に演出できるものではありません。それらは「人となり」が表れるものであり、内側から自然ににじみ出るからです。

人に対して「自分をこう見せたい」「こんな印象を持ってほしい」と思うのであれば、普段から心がけて「本物」になる努力が必要。これを、本書では「第0《ゼロ》印象」と定義しました。第0印象を意識することによって、より良い第一印象を相手に与えられるようになれば、人と信頼関係を結ぶチャンスはぐんと広がります。

では、多くの人の心をつかみ、顧客を獲得しているライフプランナーたちは、日々どんなことを実践しているのでしょうか。

相手を意識した印象戦略

皆さんは「どんな自分になりたいか」を明確に意識し、言語化したことはありますか。「なりたい自分」があいまいなままでは、「なりたい自分」に近づく方法も見つけることができません。

小野寺美紀子さんは、以前は自動車販売会社のショールームに勤務していました。その後、プルデンシャル生命に入社。年間百件以上の契約を預かり、社内のコンテストに何度も入賞するなどの活躍をしています。

前職では、ショールームに来店されるお客さまを迎える立場。見た目については、会社から与えられた制服を着て笑顔でお客さまの応対をこなし、営業する毎日でした。しかし自ら顧客を開拓するライフプランナーになり、「第一印象づくり」を意識するように。清潔感や笑顔といった当たり前のことだけではなく、**自分のキャラクターやブランドイメージを作り上げなければならない**と感じたのです。

そこで小野寺さんは、なりたい自分を思い描き、「セルフイメージ」として次のように定義しました。

『社会に影響を与えるリーダーにマネー知識と人脈で日本一の安心感を提供し、ビジネスのパフォーマンスを高めるお手伝いをする、人生の幸せライフプランナー』

例えば企業経営者など、社会的に大きな責任を負う人々のパートナーとして頼られる存在になることを目標としたのです。そこで、そうした層の人々に受け入れられ、お付き合いができるような自分になろうと決意しました。

小野寺さんの場合、営業戦略として自分の「ブランド」構築を意識したわけですが、この観点はどんな職種の人にとっても重要です。一緒に働く人からの信頼を得たいなら、あるいは社内外から一目置かれたいなら、「自分ブランド」を築くことを意識してみてはいかがでしょうか。

◉服装や持ち物は目的を意識して選ぶ

まず変えようと考えたのが、見た目の印象です。ライフプランナーになったばかりの頃の小野寺さんは、「男性と同等に働く」という意識が強く、毎日パンツスーツ、黒いバッグというスタイルでした。しかし、同じようなスタイルをした営業は世の中に何百人もいます。

相手に好印象を残し、自分らしく振る舞え、思い出してもらえる自分になるためには、見た目にも「戦略」が必要——そう考えた小野寺さんは、「印象戦略」の専門家が開講している塾に通い始めました。

講師から受けたアドバイスは「万人受けは狙わない。お付き合いしたい層の方々から『いいね』と言われるようにエッジをきかせていきましょう」というものでした。小野寺さんは、個人のお客さまはもちろん経営者の方々とのお付き合いも意識し、まずは自分が身に着けている物について細心の注意を払うように注力しました。しかし、ただ服や持ち物を変えればいいというわけではありません。

塾では、あるトレーニングを行いました。それは毎日、自分のファッションとメイク、笑顔を撮影し、その画像を塾のフェイスブックのグループに投稿するというもの。「今日はこういうお客さまにお会いするので、この服とバッグ、靴を選びました」といったように、その服を選んだ理由も伝えるのです。このトレーニングを一年間続けました。

▶印象戦略の先生と徹底的に目的を持った印象作りに取り組んだ（写真左：小野寺さん）

「なぜその服を着るのか、なぜそのバッグを持つのか。目的を意識することが大切だと学びました。そうすれば、会う相手やシチュエーションに応じた最適な選択ができます」

例えば、面談する相手が女性経営者であれば、女性同士で話題が盛り上がりやすいように「衣・食（飾）・美」についてのアンテナを張って出かけます。初めて訪問する会社で男性経営者に会うときには、相手に気を遣わせないようにあえてパンツスーツをチョイス。応接室はソファでテーブルが低いことが多いため、話に集中できなくなる可能性があるからです。

皆さんも、プレゼンやイベントなど、公の場でさまざまな地位の人々に見られる機会があるかもしれません。**会う相手やシチュエーションをイメージし、相手が心地よさを感じるような自分を演出**してみてはいかがでしょうか。そうすれば「また会いたい」と思われ、人間関係を一歩先に進めることができるはずです。

◉常日頃の何気ない言動にも心を尽くす

「社会に影響を与えるリーダーとお付き合いができる自分」。小野寺さんがそんなセルフイメージを実現するために意識しているのは、ファッションや持ち物だけではありません。マナーや立ち居振る舞いも重要だと考えています。

そして些細なことであっても**「セルフイメージにマッチしているかどうか」を基準にして、どう行動するかを判断**しています。人とのかかわり方や言動、それに座っているときの姿勢、食事のマナー一つとっても、だれにも見られていない場所でもきちんとすることを心がけているのです。普段の言動一つひとつが、小野寺さんのセルフイメージに近づく一歩になっているのではないでしょうか。

「以前、業績が低迷していた時期がありました。その頃は『私にはここまでしかできない』と自分に限界枠を設けて、『まぁ、いいか』と投げやりになっていました。けれど、このままではいけないと思い直し、ワンランク上のセルフイメージを描いてみたんです。そのイメージに近づこうと努力した結果、自分の限界枠が外れ、一段成長につながったと思います」

こんな場所に身を置きたい、こんな人たちに囲まれて過ごしたい……という
イメージを描き、それらにふさわしい自分になるために行動する。
イメージ通りの自分になれたとき、願いは叶う。

「好きなもの」より「自分に似合うもの」

皆さんは服を買うとき、どのように選んでいますか? デザイン・色・柄が好みで、

▶女性向けセミナー「働く女性だからこそ、日常やっておくべき事。」を開催
(写真1列目中央：竹本さん)

サイズが合えば購入する、という人が多いのではないでしょうか。

では、それが本当に自分に似合っているかどうか、他人にどんな印象を与えているかを意識することはありますか？

「**『おしゃれ』は自分のためのもの。『身だしなみ』は人のためのもの。**他人からどう見られるかが大事なんです」

竹本亜紀さんは、経営者や税理士など多種多様な人々とネットワークを築くとともに、セミナーを開催し、多くのビジネスパーソンに情報提供することで信頼を獲得しているライフプランナーです。

竹本さんは、身だしなみに必要なのは自分の感性ではない。人の目にどう映るのか、相手にどういう印象を与えるのか、TPOを含めて常に他人の目を気にしなくてはならないのが身だしなみだと考えています。

以前の竹本さんは、無難な黒やグレーを中心とした服装が多かったといいます。しかしパーソナルカラーがあるということを知り、自分が好きな服と自分を引き立ててくれる服は違うと気付いたのです。

◉自分の「パーソナルカラー」を知っておく

竹本さんが意識を変えたのは、「色の選び方」でした。

人は、生まれ持った肌、瞳、髪などの色によって、調和する色、つまり似合う色が異なります。「パーソナルカラー」と呼ばれるもので、大きくは「ブルーベース」と「イエローベース」に分かれ、さらに肌の透明度によって「スプリング」「サマー」「オータム」「ウインター」の四シーズンに分類されます。パーソナルカラー診断では、百二十種類のカラーから、自分のシーズンのパーソナルカラーに該当する三十色を知ることができます。

自分のパーソナルカラーが「スプリング」であり、春の花々のような明るい色こそ自分を引き立ててくれると知った竹本さんは、思い切って黒い服をすべて処分。以来、自分に似合うカラー見本を持ち歩き、それを参考に服を選んで購入しています。

「私は実は人見知りで、最初とっつきにくいと思われるかもしれません。自分に合わない黒い服を着ているとなおさらです。**第一印象はやり直せない。最初の出会いを大切にできなければ、次の機会は二度とやってこない**と思っています。だから、少しでも自分の印象を良くする努力をしています」

◉心を磨く習い事で印象も変わる

竹本さんに会えば、多くの人は「おだやかで柔らかなオーラ」を感じ取ることでしょう。ビジネスパーソンの中には、売り込もう目立とうとする熱意のあまり圧迫感を与えている人もいるかもしれませんが、竹本さんにはそれがまったく感じられません。おだやかさに加え、凛とした気品、優雅な雰囲気も漂わせています。

▶茶道を通して内面を磨くことが第0印象作りにつながる（竹本さん）

どうすればこのような雰囲気をかもし出せるのか。ヒントは、彼女の習い事にありました。

それは「茶道」。竹本さんは、「遠州流」の茶道教室に通っています。遠州流は「主人は客の心になれ、客は主人の心になれ」という言葉をモットーに、常に相手の立場に立つ思いやりの心を大切にしている流派です。

「私にとっての茶道とは、リラックスできる空間で、心を静かに落ち着ける時間となっています。茶道のお稽古を通じ、日々、さまざまな知恵を得ることができ、自然の恵みのありがたさを感じられるようになってきました。そして、一日一日を楽しむ心を身に付けられたかもしれません。昔から着物を着ることも大好きです。四季のある日本の気候、風土に適している伝統文化の素晴らしさを感じられ、心が豊かになれる気がします」

竹本さんは、日頃から茶道と着物を通じて心をおだやかに保つ術を身に付けているようです。所作という目に見える美しさ、そして感性を豊かにし日々邁進することで、目に見えない美しさをも秘めているのです。

もちろん、人の雰囲気やオーラというものは、生まれ持った性格や過ごしてきた環境、経験などさまざまな要素からつくられるもの。しかし、竹本さんは非日常の趣味の世界により、日常の生活、行動が変わることで、自然と自分が理想とするオーラをまとうことができているのかもしれません。

「他者からどんな印象をもたれるか」を意識する。第一印象はやり直せない。
心も身体も美しくあるために、「所作」という目に見える美しさに加え、
目に見えない美しさ――「感性を豊かにし、日々精進する姿勢」を大事にする。

印象は会う前から形成される

初対面の相手に会う前に、相手が自分に対してなんらかの印象を抱いている――それもまた「第0印象」といえるでしょう。対面前の第0印象を良くしておけば、相手は初めて対面した瞬間から、心を開き、好意的に接してくれる可能性が高まります。

20代でプルデンシャル生命に入社し、女性ライフプランナーのトップとなった秋葉雅代さん。入社当初は目標を達成できず苦しんだこともあったそうですが、努力を続け、今では目標を大きく上回る成果を上げるまでになりました。彼女は出会いの一つひとつを大切にするために、会う前から相手に「良い第0印象」を与えることに取り組んでいます。

◉「彼女はこんな人」という前評判を高めておく

秋葉さんが会う相手は、ほとんどが既存顧客や知人から紹介を受けた人。彼らが秋葉さんのことを相手に紹介する際、「彼女は信頼のおける優秀なライフプランナーだ」

と伝えておいてくれているのです。（※秋葉さんが紹介を多く受けられる理由は、法則9・一八六ページ〜で紹介しています）

秋葉さんはそのために特別なことをしているわけではないそうです。ただ、お付き合いがある人たちとの関係を大切にし、信頼を得るための努力は惜しまないそう。信頼を獲得した結果、自然に良い評判が広がり、自分が知らないところで、良い第0印象がつくられるのでしょう。**初対面の人との関係構築だけに気をとられるのではなく、すでに周囲にいる人たちとの関係を深めておく**ことを大切にしたいものです。

◉アポイントの電話・メールの段階で好印象を持ってもらう

紹介された相手に電話をするとき、秋葉さんは相手が「会いたい」と思ってくれるような印象付けに気を配っています。

声のトーンは明るく、口調は丁寧でありながらもテンポ良く。「このたびはお話を聞いてくださるとのこと、ありがとうございます！」と最初にお礼を言ってしまいます。「ありがとう」という言葉をかけられれば、人はうれしく感じるもの。それを発した人への印象もアップします。

▶秋葉さんの自信が笑顔を輝かせている

約束の日時が決まったら、締めくくりの言葉は「お目にかかれるのを楽しみにしています」。自分に会うのを「楽しみ」と言ってくれる人に不快感を抱く人はほとんどいないのではないでしょうか。こうした電話口でのちょっとした工夫によって、実際に会う前の第0印象が高まっているのかもしれません。

このように感謝や喜びのメッセージを伝えることは、メールで連絡する場合にも効果的です。

◉絶対の自信を持つことが、頼もしい印象につながる

「会った瞬間、『こんにちは』という言

葉とともに、顔面オーラを出すんです」と秋葉さん。目をしっかりと見開いた明るい笑顔で、エネルギーを発散するように額に力を込めるのだとか。

もちろん、ただ顔に力を入れるだけで、人の心を惹きつけることはできません。

「私がこれから話すことは、必ずその人の役に立つ。満足させることができる。絶対的な自信を持っているから、顔面オーラが相手に伝わるものと思っています。そしてその自信は、知識を磨くことで身に付けることができます」

日頃積み重ねてきた努力によって得た自信が、秋葉さんの表情に力強さを与え、それが「この人の話には期待できる」という印象につながっているといえそうです。

第三者からの高評価が相手の耳に入れば、会う前から好印象を持ってもらえる。前評判を高めるために、多くの人に喜ばれる仕事をする。

この法則のまとめ

▼見られたい理想のイメージを明確にする
▼普段から意識してトレーニングを積み重ねることで、見せかけでなく「本物」になる
▼自分に自信を持つことができれば、相手は頼もしさを感じ、信頼してくれる

Professional Business Woman

法則 2 質問上手は 1 聞いて 10 引き出す人

優秀なビジネスパーソンとは、「話がうまい人」「強い説得力を持つ人」というイメージを抱いていないでしょうか。

ところが、優秀なビジネスパーソンが集まるプルデンシャル生命であっても、必ずしもそういう人ばかりではないようです。大切なのは「うまく話す」ことではなく、相手が求めていること、つまり「ニーズ」をつかめるということ。これは営業に限らずあらゆる仕事に言えることではないでしょうか。

ニーズをつかむために欠かせないのが「聴く」力。優秀なビジネスパーソンは、自分が話す以上に「相手にたくさん話をさせる」ことで、ニーズを的確につかみ、それに合った提案をすることができるのです。そうして信頼を獲得し、ビジネスをさらに広げるチャンスを手にしています。

しかし、人はそう簡単には自分のことをあれこれ話してはくれません。「営業」に対してであればなおさらです。「弱みにつけ込まれてはいけない」と警戒し、心のドアをかたく閉ざしてしまっている人もいます。

どうすれば、相手に心のドアを開けてもらい、中に招き入れてもらえるか。そのヒントを三人のコミュニケーションスタイルから探ってみましょう。

「For me」から「For you」へ

ライフプランナー歴十二年の甲斐貴子さん。プルデンシャル生命の営業職において最上級職である「エグゼクティブ・ライフプランナー」に認定された女性二人のうちの一人です。看護師からプルデンシャル生命に転職。営業は初体験だったにもかかわらず、毎年百件の契約を十年続け、千件以上の契約を保有しています。

今ではエグゼクティブ・ライフプランナーとして活躍する甲斐さんですが、転職間もない頃は、お客さまとのコミュニケーションが空回りすることもあったといいます。

甲斐さんがライフプランナーに転身したのは、自分自身がプルデンシャル生命の保険に加入し、保険の価値を強く感じたから。離婚後、幼い子ども二人を育てながら働いているときに原因不明の難病を患った甲斐さん。「自分が死ねば残された子どもたたちが路頭に迷ってしまう」という危機感を抱き、回復後、保険を見直しました。「自分に最悪の事態が起きても大丈夫」と不安が解消されたことで、自分自身の挑戦意欲も湧いてきたといいます。そのときに味わった「感動」を多くの人に伝えたいという想いから、ライフプランナーの仕事を始めたのでした。

◉相手に興味を持ち、価値観を探る

当初は、アポイントがとれた人に対し、自分が保険に加入したとき感じた「感動体験」（保障による安心の大切さ）を熱く語っていたという甲斐さん。しかし、ひととおり話した後、質問を投げかけても返ってこない、会話のキャッチボールが成立しない。「自分と相手の間に大きな温度差がある」——そう感じることがたびたびありました。

「最初はもどかしく思いました。『どうしてわかってくれないの!?』って。けれど、よくよく考えて気付いたんです。自分の考えや想いを語り過ぎると、相手の方は『価値観を押し付けられている』と感じてしまう。まずは、**相手がどんな価値観を持っているのかを理解したうえで、それに合わせた話の展開をするべきなんだ、と**」

以来、甲斐さんは自分が話し過ぎないように注意し、なるべく相手に話をしてもらうことを心がけるようになったのです。

では、どうすれば相手は積極的に話をしてくれるのでしょうか。

第一歩は、「相手に興味を持つこと」と、甲斐さんは言います。

甲斐さんのお客さまは世帯が中心で、訪問先は主に家族のお宅です。訪問した際には、車、庭、室内のインテリア、相手の身なりなどを観察。そこには、その人の価値観やこだわりが表れています。

「よくお手入れされたお庭ですね」「きれいな色のカーテンですね」。そう声をかければ、相手は笑顔になります。人は、自分が好きなこと、こだわっていることに注目してもらえるとうれしいもの。「私のことをわかってくれそう」という期待を感じ、何重かある心のカギが一つ外れます。

◉相手と自分の共通点を探る

「共通の話題」を見つけるのも重要なポイント。同じ趣味、嗜好を持っていれば、相手はおのずと「話したい」気分になります。

甲斐さんにとって、お客さまと話題を共有できたのが「子ども」のこと。ライフプランナーになった時点で、甲斐さんは六歳の息子と四歳の娘を育てていました。「保険の営業と顧客」ではなく「母親同士」として話が弾んだそうです。

自分の子より小さな子を持つママに対しては「うちの子もそうだった。でも大丈夫」「こういう方法を試してみてはどう?」などとアドバイス。逆に、先輩ママには、進学や受験への備えについて相談。このほか、家計の話題、義理の親との付き合いといった話題でも盛り上がります。

以前の結婚生活のこと、離婚のこと、育児のこと……甲斐さんはプライベートをまず自分からオープンにし、素直な想いや考えを話します。そうすることで、相手も心を開きやすくなります。

お互いの悩みや課題の共通点を見出し、「この人は私を理解してくれる」と思ってもらえれば、相手は安心して話をしてくれます。

「**悩みを解決しなければならないと気負う必要はないんです。ただ、耳を傾け話を聴く。相手の想いを受け止め、受け容れる。**そうすれば、こちらからあれこれ質問しなくても、相手からいろいろと話してくださるんです」

相手がどんどん話してくれれば、その内容から本人の価値観、家族が抱える課題や不安をつかむことができます。それに即したプランを提案することで、甲斐さんは信頼を獲得し、契約数を伸ばしてきたのです。

◉相手の「役立つ情報」を提供する

このように、「母親としての共感」をきっかけとして顧客との関係を深めてきた甲斐さん。しかし、家庭生活や育児に関する「雑談」を、初対面からいきなりするわけではありません。

面会のアポイントをとって訪問した際は、ちょっとした雑談はするものの、まずは

「今日はどんな目的で来たのか」「何を伝えたいのか」を、時間をかけて説明するのです。

このときに話すのは、具体的な保険商品の案内ではありません。保険について「どんな種類があるのか」「どんなメリットとデメリットがあるのか」「どのように見分けるのか」といった一般的なことを話すそうです。

最初に「話を聞いたからといって、契約していただかなくてもいい。ただ、お客さまご自身とご家族の人生のために必要な情報だからお話ししたい」と伝えることで、相手が安心感を持って聞けるようにしているそうです。

「私からは、この道のプロとして役立つ情報を提供する。それを判断するのは相手。『確かに大切だな。ちゃんと考えたほうがいいな』と、自分自身で気付いていただくことが大切なんです」

営業に限らず、社内の人間関係においても「この人は役立つ情報をくれるから、もっと話してみたい」と思ってもらうことは大切です。それによって、さまざまな情報が自然と集まってくるようなビジネスパーソンになることができるのです。

自分の考えや想いを押し付けず、お客さまの価値観を受容する。
自分を尊重し、役立つ情報を提供してくれる人には、心を開いて話してくれる。

訪問三回目まで提案書・企画書は作らない

甲斐さんの顧客が世帯であるのに対し、多くの企業経営者を顧客として抱えているのが秋葉雅代さんです。

主婦と経営者。対話相手は異なりますが、秋葉さんもまた、甲斐さんと同様のステップを踏んでいます。まずは、相手に役立つ情報や知識を提供し、「この人は自分の役に立ってくれる」という期待感を持ってもらうのです。

◉まずは相手にとって必要な「専門知識」を提供する

業種を問わず営業職の場合、面会を許されたら、限られた時間内で自社商品のメリットをなるべく多く伝えようとする人も多いのではないでしょうか。

しかし秋葉さんは、初回訪問で自社の商品の話を一切しません。面会相手からは「提案プランを何も持ってこなかったの？」と驚かれることもあります。それに対して秋葉さんはストレートに答えます。

「今日初めてお会いするのに、弊社の商品がどんな形で社長のお役に立てるのかわかりませんので」

そして、「今日は一般的な保険についてお話をさせていただきます」と伝えます。秋葉さんにとって**初回訪問は、あくまでも「情報提供」の場**なのだそうです。

これまで保険の営業を何度も受けてきた社長でも、実は保険にまつわる基礎知識や仕組みを理解していないことが多いといいます。秋葉さんは、法人が保険を契約する目的・メリットとして「役員保障」「役員退職金」「福利厚生」「税について」など複数の観点で説明をします。

「もし社長に万が一のことがあった場合、従業員に残す資金はどのくらい必要かご存じですか」

「奥さまには株を遺してあげられるから大丈夫とお考えかもしれませんが、実はキャッシュを用意できなければ大変な負担がかかります」

「社長の場合、退職金は一億八千万円受け取っても世間的には妥当と見なされます。いざ退職するタイミングで、その額を会社から持ち出すことは可能な状況でしょうか」

秋葉さんはプロならではの専門知識を、具体的にイメージできるよう、家族や従業員という言葉を用いながら、お客さまの立場に立った表現でわかりやすく伝えます。相手が「保険がこんな形で役に立つとは思わなかった」「これは経営者として考えておくべきことだ」と納得したら、二回目のアポイントをとります。初回訪問は、あくまでもプロとしての信頼を得て、「また会いたい、話を聞きたい」と思ってもらう場と位置づけているのです。

プロとしての信頼を得られれば、「今、社長が加入している契約内容を見せていただければ、目的に合っているかどうかを分析します。次回、その結果をお伝えします」と、次回につながっていくのです。

▶経営者のお客さまと商談中の秋葉さん（写真左：秋葉さん）

営業職以外の仕事であっても、いきなり「提案」から始めるのではなく、まずは前提となる基本知識を提供することは大切。前提を共有し、お互いの目線を合わせることで、提案も受け入れられやすくなります。

◉具体例を挙げ、「自分なら」をイメージさせる

二回目の訪問でも、秋葉さんはまだ提案書を持っていきません。今度は「ヒアリング」に徹し、事業や社員に対する社長の想い・ビジョンを聞き出すのです。

「五年後、十年後に向けて、社長はこの

会社をどうしていきたいのですか？」
「これからチャレンジしたいことはありますか？」

普通なら、そんな質問をされれば「なぜ君にわざわざ話さなければならないんだ」と思われるでしょう。

しかし秋葉さんは、一回目の訪問で「専門家としての信頼」を獲得しています。経営者は、「彼女に情報を提供すれば、自分にメリットがある」という期待を抱き、素直に質問に答えてくれるのです。

中には、「うーん」と考え込んで、なかなか言葉が出てこない人もいます。そんなときは、「同じ業界の社長さんでは、〇〇までに後継者を育てて引退し、その後は△△をしたいという方がいらっしゃいました」というように、一般的な事例を話します。すると相手は具体的なシチュエーションをイメージしやすく、「そういう点では、ぼくの場合は〜」と言葉が出やすくなるといいます。また、このとき、一般的な事例を、できれば実体験なども交えながらありありと語れるかどうかもポイントとなります。

「はい・いいえで答えられない質問に対し、いかにお客さま一人ひとりの本音を引き出すかが重要です」

こうして相手の事業への想いや将来ビジョンをつかみ、三回目に初めて保険プランを提案。自分の意思を酌んだプラン内容に、経営者たちは納得し、契約に至るのです。

専門家としての信頼のもと、
具体的にイメージできる例え話を活用することで、
相手の懐に飛び込み、本音を引き出しやすくなる。

ティーチングからコーチングへ〜本人の気付きを大切にする

プルデンシャル生命の女性初の支社長である長谷川尚子さんもまた、人の話を「聴く」達人です。

ボディビルダーとして全日本優勝の経験を持ち、大手フィットネスクラブにてインストラクターとして活躍後、複数店舗を統括する管理職として勤務、その後ライフプランナーに転身しました。そしてプルデンシャル生命で女性初の「営業所長」になり、さらに女性初の「支社長」に就任。世の中の女性の活躍を推進するプロジェクトのリーダーを務めるなど、プルデンシャル生命の女性リーダーとしてさまざまな場面で活躍してきました。

「縁あって人と出会うのですから、その人を好きになりたい。人を好きになろうと思ったら、まず相手のことを知ることから始まります。『私はあなたに関心を持っています』……そんな意思を示すためにも、相手に質問し、相手にどんどん話してもらい、その話にしっかり耳を傾けることを大切にしています」

相手を知ろうとする姿勢が身に付いたのは、プルデンシャル生命に転職する前。フィットネスクラブでインストラクターを務めていた頃です。フィットネスクラブは年齢も性別も仕事も、幅広い人が利用する場所。初対面では「苦手だな」と感じるお客さまもいたといいますが、避けて通ることはできません。そうしてさまざまな人と向き合ううちに、最初は苦手と感じた人とも、向き合い方次第でいい人間関係を築けることを体感したといいます。

◉「ついつい話したくなる」話題を探す

初対面の人と会ったとき、長谷川さんは、その人がどんなことに興味を持っているかを探ります。好きなスポーツ、旅行先、ペット、趣味など、何気ない会話から、相手と自分の共通点を探し、その話題で一緒に楽しむのです。相手の気分が乗ってきたら、「聴き役」にまわります。

人は自分が好きなことなら自然に話したくなり、話していて楽しいもの。会話が弾めば「この人といると楽しい。また会いたい」という印象につながります。長谷川さんはそれを実践していたのです。お客さまの顔と名前を覚えるのはもちろんのこと、前回会ったときにどんな内容の雑談をしたかも覚えていて、その話題を振りました。

「人は誰しも認められたいという欲求を持っています。だから自分のことを話すのが好き。その話をじっくり聞いて相手を理解してあげることが、その人と距離を縮める

▶笑顔があふれる支社の風景（写真上右、下左から2人目：長谷川さん）

一番の近道だと考えています」

◉会話中、相手の表情が輝く瞬間を見逃さない

営業所長、支社長としてライフプランナーのマネジメントを行う立場になった長谷川さん。メンバーに対しても、一方的に指導するのではなく、相手の話を聴くことを最優先しています。

支社長就任時の面談では、メンバー一人ひとりと対話。家族構成、趣味、興味を持っていることなどを尋ねます。

「いつから始めたの?」「それは誰と一緒に行ったの?」……話を深めていく中で、相手の目がキラキラと輝く瞬間、前のめりになる瞬間を見逃しません。「この人は、これを話したいんだな」と察知すると、本人がその話をもっとできるよう、うなずきながら聴いてあげるのです。また、メモを取るのも効果的だとか。話し手は「理解してくれようとしているんだ」と安心感を持つといいます。

逆に、相手が本音を言いづらそうだと感じたときは、「言っていいんだよ」と声を

かけ、気持ちを解放してあげます。

このように**「この人には思ったことを素直に話していいんだ」と安心感を持ってもらう**ことで、「何のためにこの仕事をしているのか？」「将来の目標は？」など、仕事に関する突っ込んだ質問に対しても、相手は率直な想いを話すことができるようです。通常なら一しか聞かせてもらえないような話を、五も十も引き出すことができるというわけです。

こうして、相手の考えや想いを尊重し、共有することが、メンバーのモチベーションアップにつながっているのです。

また、メンバーが自分に話しかけやすくするために、長谷川さんはある工夫をしていました。オフィスの自分のブースに、常にお菓子を置いておくのです。それを知っているメンバーたちは、小腹が空くとやって来て、お菓子をつまみます。そこで会話のきっかけが生まれるというわけです。

「話す内容に気を配るだけでなく、話しやすい環境をつくることも大切にしています」

◉決めつけず、先入観を持たず、話し終わるまで根気強く耳を傾ける

所長時代、メンバーとの日々のコミュニケーションでは、その人にとって心地いいであろう接し方を心がけていたという長谷川さん。メンバーの優れたところを見つけ、ほめることを大切にしています。一方で、「その人のためにならない」と思ったことは鋭く指摘します。

メンバーは、うまくいかなかった商談のことはあまり話したがらないもの。しかし、契約を断られた真の理由を、本人が認識できていないこともあります。そこはしっかりと検証することで、次の成功につなげなければなりません。

長谷川さんは、どんな流れで商談が進んだのかを時系列で聞いていきます。そのとき心がけているのは「決めつけない」ということです。

「『お客さまが伝えたかったのは、実はこういうことだったんじゃないの?』と、以

前は結論を先回りして指摘してしまうこともありました。でもそうすると、本人は黙ってしまうんですよね。今ではぐっとこらえて、本人が自分自身で気付くまで待つようにしています。自分で振り返って気付くまで、根気強く質問を繰り返します」

「そのとき、あなたはどう考えた？」
「相手の立場だったらどう捉えると思う？」
「第三者がそれを聞いたらどう感じると思う？」

質問を投げかけることで相手に考えさせ、自分自身を客観視させる。答えを与えるのではなく、自分で答えを見出せるように導く。長谷川さんはそんな質問力を磨くことで、メンバーの成長を促しているのです。

質問の仕方を工夫すれば、部下に自分で考えさせ、気付かせることができる。部下が成長し、強いチームを築くことができる。

この法則のまとめ

▼まず自分から心をオープンにすることで、相手も心を開きやすくなる

▼相手に役立つ情報を提供し、「役に立つ人」と認識されると、相手が自ら情報を与えてくれる

▼相手に興味を持てば持つほど、質問が自然と湧き上がる

Professional Business Woman

法則 3 昨日の自分より1ミリ前に出る

あなたは最近、「前進」しましたか？

同じ場所にとどまって、昨日も今日も明日も、同じような一日を繰り返してはいませんか。そんな状態を自分が心地よいと感じているのであれば、そのままでも構わないと思います。

けれど、今の自分は本当の自分ではないような気がする、もっと違う自分になれる気がするという想いが少しでもあるのなら、今日は昨日とは違う行動をとってみませんか。

今日、ほんの一歩前に踏み出すことで、一年後、五年後、十年後、二十年後――今の自分からは想像もつかないような自分になり、満ち足りた人生を送っているかもしれません。大きな変化も成長も、まずは小さな一歩から。思い切り踏み込まなくても、まずは一ミリ前に出てみることから始めればいいのです。前に出れば、今まで見えていなかったチャンスが意外と手の届く範囲にあることに気付けるかもしれません。

この章では、成功している女性たちが前に進むためにどんな行動を起こしているかをお伝えします。

「カッコいい女性」から「カッコかわいい女性」へ方向転換

自分を成長させたい、前に進みたいという気持ちはあっても、具体的に何から始めればいいかわからない……という女性は少なくないようです。

多くのビジネス書には「目標を持とう」などと書かれています。とはいえ、人生の方向性を左右するような目標は簡単には決められないことでしょう。そんなときは漠然と「こんな自分になりたい」というイメージから具体的に落とし込んでいくという手もあります。

「カッコかわいい女性になろう」。江森陽子さんは十年ほど前、そんな目標を掲げました。

それ以前は「カッコいい女性」に憧れ、パリッとした開襟シャツにパンツスーツというシャープなスタイルで、キリリと振る舞っていました。

ところがある研修で、参加者がお互いの第一印象を伝え合うというプログラムを受講した際、「怖い」「冷たそう」というコメントが寄せられたのです。自分の思っていた姿とは異なる印象を与えていたことを知り、さすがにショックを受けました。「カッコよさだけを求めるよりかわいらしさも加えたほうが、多くの人に受け入れられるのでは」「親しみやすい人だと思ってもらいたい！」――そう考えた江森さんは、服・メイク・髪形にいたるまで、トータルで方向性を切り替えました。例えば、カッターシャツはきつい印象を与えるかもしれないと考え、着るのを一切やめたのだそうです。このように、目指す方向に合わせ演出を切り替えていくことで、「怖い」と言われることはなくなりました。

◉漠然とした目標を数値で設定する

自分が目指すイメージを「カッコかわいい」に設定した江森さんは、そんな自分になるために必要な要素を考えました。

「ファッション」「メイク」「ヘアスタイル」などの外見はもちろん、知識・教養などの人間性を磨くために何が必要かを洗い出してみました。次に、それらにかかる費用を算出。「ファッションに年間＊＊円」「美容に年間＊＊円」「書籍やセミナー受講費に年間＊＊円」といったようにです。営業活動に必要な交際費なども加え、「自己投

▶女性営業社員の自己研鑽の会「女性の会」の会長を務める。歴代会長と
（写真左から、長谷川さん、矢澤さん、江森さん。３名とも本書に登場）

資にいくら必要か」をはじき出しました。

自分にできる範囲で、何にいくらかける必要があるかを把握しておくことは重要です。江森さんは、このように「カッコかわいい」という漠然としたイメージを、具体的な数値目標に落とし込んでいったのです。

人生の目標達成に向けて、仕事もプライベートも具体的な目標に落とし込んでいくことによって、実現の可能性が高まります。仕事であれば資格取得、昇進、ボーナスの査定など、プライベートであれば家の購入や健康診断の結果などを、見つめ直してみてはいかがでしょうか。

◉すぐに行動できる目標に落とし込む

イメージどおりの自分になるための目標を設定した江森さんは、目標を達成するためにはどうすればいいかをシミュレーションしました。

年間どれくらいの契約をいただく必要があるか。
その契約数を達成するには年間何人に会う必要があるか。
一月あたりでは何人に会えばいいか。
一週あたりでは何人に会えばいいか。

目標が遠い場所にあるように見えても、それに近づくための行動目標をすぐ手前に置けば、一歩を踏み出しやすくなります。このとき、行動目標を数値で設定するのがおススメ。例えば、「知的な女性になりたい」なら「本を週に○冊読む」、「海外で暮らしたい」なら「英会話フレーズを一日○個覚える」といったようにです。

それを繰り返していけば、昨日の自分よりも、先週の自分よりも、先月の自分よりも着実にパワーアップし、数年後には大きな成長を遂げられるでしょう。

「まずは近いところに目標を置いて、クリアしたら自分をほめてみては」と江森さん。自分にちょっとしたごほうびをあげることで、継続するモチベーションが高まります。また、目指す目標を、応援してくれる上司や友人などの「サポーター」に宣言することで、実行可能性も上がるといいます。完璧にやりきれないことはありますそれでも少しでも前進するための努力をすることに意味があるのです。

「『なりたい』『やりたい』という程度の気持ちでは途中で挫折してしまうかも。『なる』『やる』と決めることです。決めた人は、必ずやり遂げられます」

目標を漠然としたイメージで捉えず、考えられるかぎり具体化する。
具体的な目標を「ちょっと先」に置く。
ちょっと先の目標をクリアし続けるうちに、
最初は遠い場所にあったはずの夢がどんどん近づいてくる。

目標から目を背けていた五年間を経て、再び一歩前へ

目標に向かってがんばっていたことを、一度や二度うまくいかなかっただけなのに、「自分にはこれが限界」とあきらめてしまうことがあります。皆さんの中にも、かつては高い目標に向かって努力していたけれど、今は停滞気味……という方がいるかもしれません。

変化のない毎日を送る中で、「このままではいけないような気がする」と思ってはいませんか？　けれど、切羽詰まった問題が起きていないため、「ま、いいか」と日常に流されるままになってはいませんか？

小野寺美紀子さんは、そんな「停滞期間」が五年にわたって続きました。ライフプランナーになってすぐに高業績を挙げ、社内コンテストにも連続入賞を果たした小野寺さん。しかし五年が過ぎた頃、「ここまでしかできない……」と、自分で自分を「限界枠」に閉じ込めてしまったのです。その後、がむしゃらに高い目標を追いかけることはやめ、マイペースで営業活動を続けていました。

「女性なんだから、無理しなくてもいいんじゃない？」という友人の言葉に、「そう

だよね」「今のままでもいいか」と同調していた小野寺さん。しかし、自分の本音はそうではないことに気付いていました。

◉「楽する」は「楽しい」ことではない

「苦しい思いをしたくなくて、逃げていたんですよね。でも、入賞して誇らしげにスピーチをする人たちの姿を見るとすごくうらやましくて……やっぱり目標を持たずに仕事をしていることに、悔しい思いがあったんです。がんばらなければ楽だけど、つまらない。日々にめりはりがなくて、達成感を味わうこともない。楽なのは、楽しいことではないんだなと気付いたんです」

「今のままではいけない」と感じ始めていた小野寺さんに、再びチャレンジする決意をさせたもの、それは周囲の人々でした。お客さま、所長、支社長、本社スタッフ、支社内外の仲間など、さまざまな人が目標を追って輝いていた頃の小野寺さんに戻ってほしいと願い、激励の言葉を五年間ずっとかけ続けてくれていたのです。

「皆さんへの恩返しは、私が目標を達成すること」。そう思ったとき、再び「スイッチ」

▶仲の良い女性ライフプランナー仲間と応援し合っている（写真中央：小野寺さん）

が入りました。

◉基本を丁寧に、一歩踏み込んでやる

再び高い目標を見据えた小野寺さん。やると決意すると、行動も自然に変わりました。しかし、目新しい戦略を打ったわけではありません。基本的なことをより丁寧に、一歩踏み込んで行うようになったそうです。

まずは基本に立ち返り、電話をかけたり、知人に紹介を依頼したりと、入社当時には当たり前にやっていたことを、きっちりとこなすようになりました。

「昨日より一件多く訪問する」「今日はここまで、と思っても最後にもう一本電話をかけてみる」など、「あと一歩」を踏み込むことを心がけました。
また、お客さまを訪問する際には、喜んでもらえるイメージが持てるまで、プレゼンテーションの流れをイメージトレーニングするようにしました。
では、なぜそこまで徹底して目標にこだわれるようになったのでしょうか。それは、目標を達成すると応援してくれる人に喜んでもらえる、会社から評価してもらえる、そして共にがんばっている仲間たちと讃え合える……それをこれからも味わい続けたいと思ったからでした。

「本気になると、不思議といい風が吹いてくる。いい波に乗れる」と、小野寺さんは言います。「紹介したい人がいる」という電話がかかってきたり、「会いたい」という人が現れたり。それは偶然ではなく、彼女が発する「本気」のオーラが人を惹きつけ、呼び寄せるのでしょう。

まずは本気になる。本気でやると決意したその時点で、昨日の自分よりも一歩前進しているはずです。

目新しいこと、特別なことにチャレンジするだけが「前進」じゃない。
基本に返り、基本をさらにしっかりと遂行することも成長につながる。

八年目にして陥ったスランプから脱却

全力でがんばって成果を出し続けてきた人でも、あるとき燃え尽きた感覚を味わったりすることもあるようです。そこで、「これまでのようなペースではできない」と感じ、そのまま停滞期に入って抜け出せなくなってしまう人もいます。

ライフプランナーになった直後から七年間高業績を挙げてきた矢澤千絵さんは、八年目で「落ち込み」を経験しました。しかし再浮上し、五年後、プルデンシャル生命で女性初の「エグゼクティブ・ライフプランナー」の認定を受けます。

矢澤さんは落ち込んだ状態から、どのように立ち直り、前に進み、最終的に大きな成功をつかむに至ったのでしょうか。

◉自己分析により、自分の「トレンド」をつかむ

入社してからの七年間は、研修で学んだことや上司からの指導に従い、ただがむしゃらにがんばって契約数を伸ばしていたという矢澤さん。しかし年齢を重ねるうちに「体力勝負」も利かなくなり、業績が大きくダウン。「限界が見えた」と感じました。

そんな状況から脱するために、先輩ライフプランナーのアドバイスを受けて実践したのが「自己分析」です。

「成果が上がらないときって、他人や環境のせいにしてしまいがちですよね。でも、ほとんどの原因は自分にあるんです」

矢澤さんが行ったのは、自身の営業活動の数値データの分析。顧客を何件訪問したか、そのうち成約率はどれくらいか、新規率はどれくらいか、紹介を受けた数は――。数字を眺めていると、どこに問題があるのかが見えてきます。それをもとに仮説を立て、戦略を練り、実行してみることで、再び成果が上がり始めました。

以来、矢澤さんは自身の活動データの管理・分析を続けています。

そうすることで、「八月は訪問数が少ない。私は暑いと行動が鈍るんだな」「期末が近づくと集中して数字を上げているな」「得意なマーケットに集中すると成約率が高くなる」など、自分のトレンドをつかめるのです。

「『なんとなくがんばっている、やっている気になっている』という感覚がいかに間違っているかわかります。記録データをよくよく見ると、ムダなことに費やしている時間は意外に多い。その一方で、集中してできている時期もある。営業は、売上が上がったり落ちたりを繰り返すものです。でも、自分のトレンドをつかんでおけば、一時的な上がり下がりに一喜一憂したり焦ったりすることがなくなります。冷静に対策を立てられるし、気分的に楽になるんです」

◉思いついたことを書き出して思考を整理する

矢澤さんは数字面での自己分析と併行して、メンタル面の自己分析も行っています。

方法は簡単です。いつも持っている手帳に、やりたいことや気になっていることをすべて「書き出す」のです。

書く作業をするのは主にものごとが停滞しているときや頭が混乱しているとき。「やりたくない」「面倒くさい」という思考に傾いたとき。ポジティブな思いつきもネガティブな気持ちもすべて、思いつくまま書き出すことで思考の整理を図ると同時に、自分自身を客観的に見つめることができるようになるといいます。

どんなことが記されているのか、手帳をのぞかせてもらうと——。

「朝ゆっくり新聞、コーヒー」「ウォーキングとストレッチ」「スマホを見る回数を減らす」「なぜ七月までにこの数字を達成するのか」「積み重ねは必ず実を結ぶ」「一週間会社を休む。どこかの国か都市で、暮らすように過ごす」「こうしなければいけない、と考えない」ｅｔｃ……。

仕事のこと、生活のこと、特にテーマを決めることなく、やりたいことややるべきことがランダムに書かれています。このほか、経営の勉強をしていて気付いたこと、本を読んでいて目に留まったキーワードを書くことも。

つまり、**自分は何が気になっているのか、「見える化」する**ことがポイントのようです。一見何気ない思いつきのように見えることでも、自分が感じている課題、心理状態を反映しているものです。

「次の目標を立てて動き出そう、というときに読み返します。以前の自分と同じ悩みを繰り返さない、同じ後悔をしないために」

うまくいかなくなったときこそ、自分を客観的に見つめ直すことが大切。冷静になり、次の一手を考えられる。

この法則のまとめ

▼目標を細分化・数値化すれば、行動に移しやすい
▼何をやっていいかわからないときは、基本に立ち返ってみる
▼「自己分析」を行うことで、力を入れるべきポイントが見え、成長が加速する

Professional Business Woman

法則 4　できない理由を裏返すとできる方法がみつかる

「チャレンジしたい気持ちはある。するべきだろうとは思っているんだけど……」

やはり自分には無理かもしれないと考え、なかなか一歩を踏み出せない。つい言い訳をしてしまう。「できない理由」を見つけて、行動に移さないまま時が過ぎてしまう――そんな自分にもどかしさを感じている人も多いのではないでしょうか。

優秀なビジネスパーソンであっても、困難に遭えば「できない理由」を探してしまうこともあります。しかし、異なるのはその次のアクション。不安を抱えながらも、その不安を冷静に受け止め、上手に対処しているのです。

「できない理由」に逃げ込まず、まずは動いてみることが大切。動いているうちにできる方法が見つかることもあります。

そうしてチャンスをつかんだ女性たちの事例をご紹介しましょう。

見ず知らずの土地での転身～大阪から東京へ

「渡した名刺をその場で捨てられたときは、もうこの仕事はやっていけないんじゃないかと思いました」

竹本亜紀さんは、ライフプランナーになって間もない頃をそう振り返ります。八年前の夏、竹本さんは東京・丸の内のオフィス街に一人立っていました。朝から夜まで、通りすがりのビジネスパーソンに、「名刺交換をしていただけませんか？」と声をかけていたのです。

大阪で生まれ育ち、就職、結婚した竹本さん。夫の転勤で東京に移り住んだ二年後に離婚し、ライフプランナーに転職しました。しかし、東京在住歴が浅いため知人の数が限られており、半年後には行き詰まることになります。

◉プラスのイメージに集中し、ネガティブな出来事を打ち消す

「知っている人がいないなら、出会えばいいんだ」

竹本さんは名刺を一箱持って、ビジネスパーソンが多い丸の内に足を運び、道行く人に声をかけ始めました。

しかし、いきなり一人目から壁にぶつかります。差し出した名刺は、保険の営業とわかるやいなや路上に捨てられてしまいました。

屈辱的な思いで名刺を拾い、気持ちを落ち着かせるためにカフェへ。強いショックを受けて、「私はこの仕事をやっていけないのでは」という不安が頭をめぐりました。しかし、「せっかく来たのだからとりあえず百枚、名刺交換ができるまで帰らない」と覚悟を決め、再び街に飛び出したのです。

それからの竹本さんは、捨てられた自分の名刺を拾うことはありませんでした。渡した名刺があとで捨てられていたとしても、それが自分の目に入ることのないよう、少しずつ場所を移動しながら続けたのです。

「捨てられているのを見つけたらむなしくなる。つらい現実を認識すると心が折れてしまうかもしれないから、うれしいことだけに目を向けました。笑顔で応じてくれたとか、興味を持って質問してくれたとか。だから続けられた」

つらいこと、**嫌なことを気にしないようにするためには、それを打ち消すようなプラスのイメージを抱く**よう意識すればいいというわけです。

◉どれだけカッコよく、カッコ悪いことをできるか

多くの人に声をかけるうちに、竹本さんは初対面の人に興味を持ってもらえるようなコツを身に付けました。

知らない人に声をかけるのは不安なもの。しかし「恐る恐る」「おどおど」では警戒されてしまいます。にこやかな表情で「少しだけお時間よろしいでしょうか」と話しかけました。

笑顔で話しかけられれば、思わず立ち止まる人もいます。相手が足を止めて聞く姿勢になったら、名刺交換してもらうようお願いします。このとき、「何の目的で？」と不信感を持たれないよう、「会社のキャンペーン」を名目としました。「今の会社に入ったばかりで、いろいろな方にご挨拶させていただいています。百人の方と名刺交換しないと、会社に戻れないんです」と。

もちろん、「急いでいるから」と断られることも。しかし、中高年層で余裕のあるベテランビジネスパーソンほど、「がんばっている新人」を応援してあげたいという心理が働くのかもしれません。「よくやるなあ（笑）」と、名刺交換に応じてくれました。

「笑顔で、一生懸命な姿勢を見せる。そして、観察力を高めると、カンが研ぎ澄まされる気がします」

笑顔だけでも、人は自分に向き合ってくれるものだと実感。そして、声をかけて相手の反応を観察するうちに、どんな人が応じてくれやすいかを見極められるようになっていきました。

「最初はつらかったけど、最後のほうはちょっと楽しめるようになっていました（笑）」

あえて「楽しむ」工夫をしたことで、ポジティブなオーラが相手にも伝わったことも、どんどんうまくいくようになった理由の一つかもしれません。

こうして竹本さんが独自で取り組んだ「百人名刺交換キャンペーン」。結果的には百人との名刺交換を三日間で達成しました。

◉うまくいかなくて当たり前、ときには期待値を下げる

名刺を集めたら、次のステージは「アポ取り」です。電話をかけたらまずはお礼を述べます。

「先日はありがとうございました。おかげさまで百人との名刺交換を達成できました」

相手は「役に立ててよかった」とうれしい気分になるのではないでしょうか。そして「皆がこの人と名刺交換している。自分だけじゃない」という安心感も抱くのかもしれません。このとき「せっかくのご縁ですので、一度改めてお会いしたいのですが、○日と○日、どちらの方がご都合よろしいでしょうか」と二者択一で日程を挙げると、高い確率でアポイントがとれるのだそうです。

とはいえ、知人から紹介されたわけでもなく、相手は道端でたまたま会っただけの人物。電話をするとき、断られるのではないかという不安はなかったのでしょうか。それを竹本さんに尋ねると、こんな答えが返ってきました。

「断られて当たり前。うまくいくほうがラッキー。私は運がいいんです。そう思っていれば平気です。うまくいったときは、そのぶん喜びも大きいですよ」

なお、このとき名刺交換した百人の中には、お客さまになってくださり、八年を経た今でも竹本さんの営業活動を支援してくれる人がいるそうです。

どれだけカッコよく、カッコ悪いことができるかで成長速度は変わる。
マイナス面や失敗のリスクにはあえて目を向けず、プラスのイメージだけを持つ。
強運という自信こそが、次の一歩につながる。
不安や悩みがたくさんあっても、「あえて楽しむ」ことで、自分をうまく騙して自己暗示をかける。

専業主婦から未経験の営業にチャレンジ

「私は誰よりもマイナスからのスタート」

根岸由佳さんは、ライフプランナーに転職した当時、そう強く感じていました。前職はコンビニエンスストアチェーンのスーパーバイザー。フランチャイズオーナーの店舗経営をサポートする仕事です。結婚とほぼ同時に退職。しばらく専業主婦としての生活を送っていました。その後、フラワーショップでのアルバイトや派遣事務などの仕事もしましたが、営業はまったくの未経験です。

ところが、プルデンシャル生命の入社式で周囲を見渡すと、一流企業でバリバリ活躍し、成果を上げてきたような人ばかり。「私がここにいてもいいのだろうか?」と、不安しかなかったといいます。

そんな根岸さんですが、入社四年目には社内セールスコンテストにおいて、女性ライフプランナーの中で年間ナンバーワンの業績を達成。また、世界コンテストへの入賞も果たすほどの活躍ぶりを見せています。
異業界への転職を機に、いきなり「天性のセンス」が花開いたのでしょうか。成功までのプロセスを聞くと、決してそうではないようです。

◉「基本」に忠実に。ひたすら繰り返す

「私、すっごく不器用なんですよ。もともと自分に自信がないんですよね、たぶん。挫折が多かったせいでしょうか……? 営業なんてやったことないし、当然ながら知識も技術もない。だから研修で学んだことを、そのまま一生懸命にやり続けたんです」

小学校四年生から大学卒業までバスケットボールを続けた根岸さん。コツコツと地道に努力する姿勢は、この頃に身に付けました。ドリブル、シュートといった「基本中の基本」のトレーニングを積み重ね、基本の大切さを実感したといいます。大学はバスケットの強豪校に進みましたが、そこではレギュラーになれず、公式試合に出場できたのは引退試合の三分間だけ。途中、監督からマネージャーへの転向も言い渡されました。それでも四年間、基本練習と、自分が得意とするプレーパターンの練習を

▶基本に忠実に取り組み、コンテスト入賞を果たす。お母さんと（写真中央：根岸さん）

ひたすら続けました。

ライフプランナーになってからやったのもそれと同じこと。トレーニングを担当する営業所長から渡された基本トークを、一言一句そのままお客さまに話すところからスタートしました。基本に忠実に、人よりもたくさんのお客さまを訪問。数をこなすうちに、基本の技術を確実に自分のものにしていきました。まさに基本を積み重ねることでトップに上り詰めたのです。

「『飛び道具』なんてないと思っているんです。ひたすら基本を実践して、それに対するお客さまの反応に一喜一憂しながら、少しずつ修正して変えてみて。その繰り返しが今の自分につながっています」

当時は気付かなかったけれど、いつのまにか一歩一歩着実に成長していた――根岸さんはそう振り返ります。

「**守・破・離（しゅ・は・り）**」という言葉があります。

これは、能を確立した世阿弥の教え。武道や伝統芸術などの世界で語り継がれる精神です。「守」は基本の型を身に付ける、「破」は型を破って応用する、「離」はそれらに創意工夫を加え自分独自のものを確立する。物事を極めるためには、段階を追って進んでいくことが大切であることを伝えているのです。

一気に「破」「離」を狙って「できない」と挫折する人は少なくありません。しかし、「守」を大切にすることで、「破」「離」もできる自分になるのです。

〓「経験がないからできない」「技術がないからできない」のは当たり前。

基本を忠実に実践することからスタートし、継続することで実力が養われ、成長を遂げていく。

苦手なことを仕事にする

業種問わず「営業」「販売」という仕事で活躍している人の多くは、「人と接するのが好き」「人に会うのが楽しい」と言います。

ところが、ライフプランナーを十六年以上務め、「エグゼクティブ・ライフプランナー」という役職に認定されている矢澤千絵さんは、そうではないようです。

もともと人に会うのは苦手。親が転勤族で、子どもの頃から三年ごとに引っ越しを繰り返していたため、友達と時間をかけて関係を深めるという経験を積むことができませんでした。

一度にたくさんの人と接するのも疲れるので、パーティや異業種交流会も嫌い。しかたなく出席しても、会話の輪に入らず壁際でじっとしていることも多かったそうです。

それでも、仕事において「人の役に立ちたい」「ＣＳ（Customer Satisfaction＝顧客満足）を追求したい」という想いが強かった矢澤さん。前職で信頼していた先輩に誘われたのを機にライフプランナーに転身しました。いざ営業活動を行うにあたって、人と会って話すことへの苦手意識をどのようにカバーしたのでしょうか。

◉口頭で説得する自信がなければ、視覚に訴える

矢澤さんが行ったのは、お客さまに会う前のシミュレーション（一人ロールプレイング）です。会った瞬間から何をどう話すのか、「今日は暑いですね」という世間話の段階から頭の中で組み立てていました。

挨拶の次は、「今日の本題は〇〇です」「△△について一緒に考えさせていただきます」「お伝えしたいのは××ということです」と、面談の目的を伝えます。段取りのイメージトレーニングを事前にしておくだけでも、不安は和らぐものです。

しかし、「こう言われたらどうしよう」と、ついついマイナスの想像をしてしまう

という矢澤さん。そこで、商談の主導権を保ち続けるための工夫として、テーマや課題を箇条書きにした「お客さま向けのアジェンダ（行動計画）」を用意しているそうです。

「私のように口頭だけでの説明に不安がある人は、文書でお見せすればいいんです。事前準備をしておくことで、多少気が楽になりますよ。それに、文書にまとめることで自分の頭を整理できる。お客さまも課題を箇条書きで見せられると、それらをすべて解決したくなり、『最後まで話を聴かなくちゃ』という気持ちになる。お互いに心構えができるんです」

アジェンダを活用するメリットは、「話の道筋を立てられる」「視覚に訴えられる」「プレゼンの現在地を確認できる」といった点にあります。うまく活用すれば、口頭だけの説明以上の効果を出せそうです。

◉ネガティブな思考は、ポジティブな行動に転換できる

そもそも、矢澤さんはなぜ人に会うことが苦手なのでしょうか。その裏側を探ってみると、こんな心理があるようです。

「相手に嫌われたくないから。『嫌われないようにしなくちゃ』と思って言葉を慎重に選んだり、言いたいことが言い出せなかったりと、気を遣いすぎて疲れてしまうんでしょうね……」

つまり矢澤さんは、人が嫌いなわけではないようです。むしろ人が好きだからこそ、相手を落胆させたり、不愉快な気分にさせたくない。自分の意思に反して相手の期待や信頼を裏切ってしまうことを恐れているのだと言えそうです。

そんな矢澤さんの思考傾向は一見ネガティブに見えます。ところがそれは、ポジティブな行動にもつながっています。

その行動とは、契約を預かったお客さまへの「アフターフォロー」。自分が担当するお客さまを定期的に訪問して新たなニーズを聞き出したり、お客さまの生活環境の

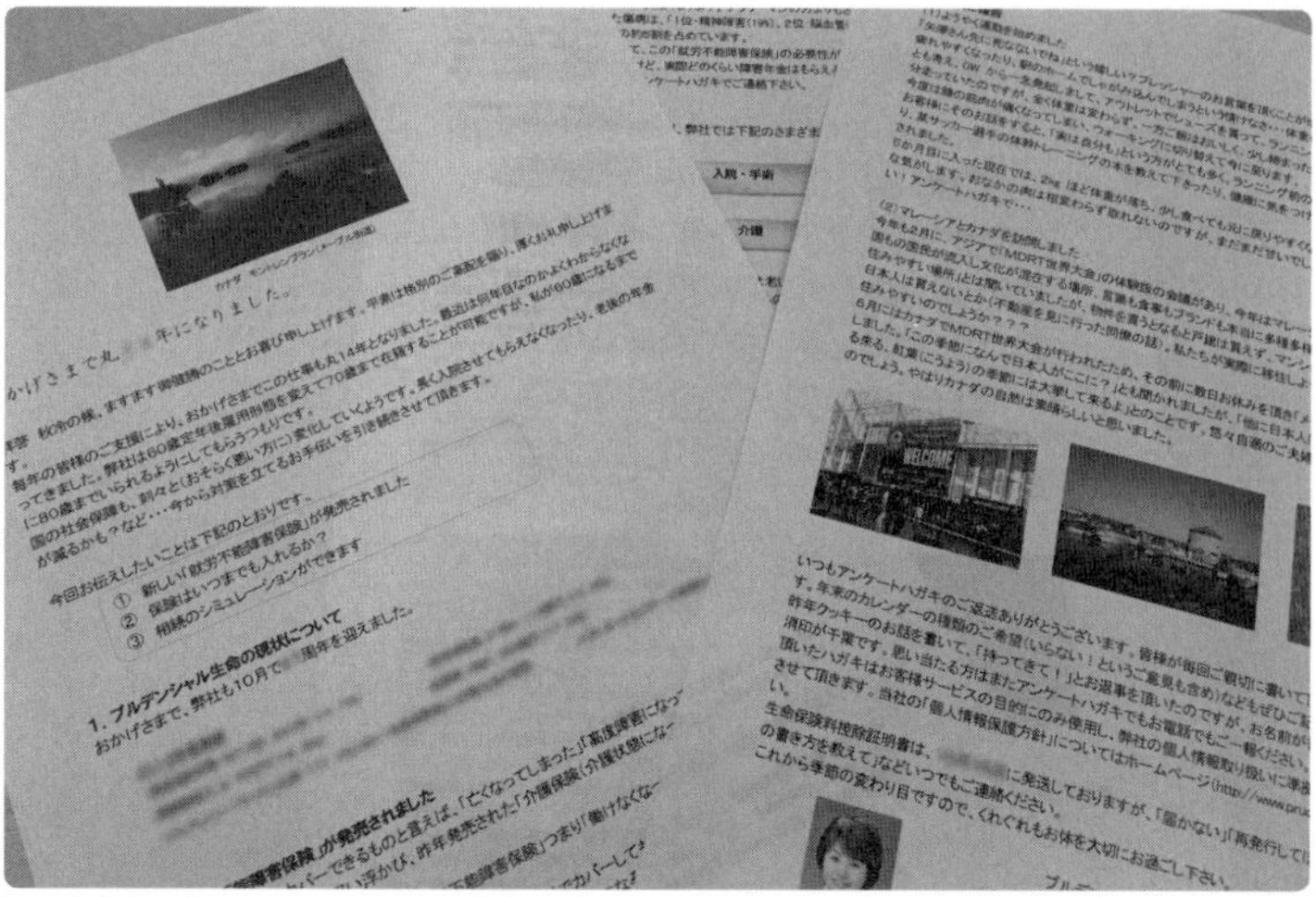

▶お客さまに出しているレターには自身のプライベートの近況報告やお客さまへの気遣いの言葉が（矢澤さん私物）

変化に対応する活動です。ときには保険に関係のないことでも、相談に乗ったり協力したりしています。

「相手に嫌われたくない」という思い。それは、「相手の信頼に応えたい」という責任感となって、矢澤さんを突き動かしているようです。

今ではお客さまたちから、「矢澤さん、私より先に死なないでね！」と懇願されるといいます。

「お客さまへの責任を全うするためにも、八十歳までライフプランナーを続けるつもり。だから、健康維持にも気を遣っています。ウォーキングも続けていますよ。歩けなくなったらお客さまのところに行けないから、筋力をちゃんと鍛えておかないと（笑）」


「この仕事に必要な素養はコレ」「ソレは私にはない」なんて決めつけない。

自分らしいやり方で、自分ならではの強みを活かせる道を探してみる。

シングルマザーでもあきらめない〜幼い子ども二人を育てながら

政府が主導する「女性活躍推進法」により、女性が育児と仕事を両立できるような支援制度を整える企業が増えています。しかし、誰もが十分なサポートを受けられる環境にいるとはいえません。

「子どもを育てながら仕事を続けるのは難しい」と感じている人は多いことでしょう。あるいは、仕事を続けたいと思いながらも「子どもとずっと一緒にいてあげるべきなのでは」と葛藤している人もいるのではないでしょうか。

ここでは、子どもを育てながらライフプランナーとして活躍する女性の事例を見て

▶エグゼクティブ・ライフプランナー就任パーティ。多くの女性の憧れに
(写真左から2人目：甲斐さん)

みましょう。

プルデンシャル生命で女性としては二番目に「エグゼクティブ・ライフプランナー」に認定された甲斐貴子さん。ライフプランナーになった当時は、四歳と六歳の子どもを育てるシングルマザーでした。

以前の職業は看護師。営業は未経験で不安もありましたが「やってみないとわからない。やってみてどうしてもできないならそのとき考えればいい」と、保険業界に飛び込んだのです。

◉アンテナを張り、周囲に状況を知らせることで情報は集まってくる

ライフプランナーは、勤務時間が定められておらず、自分の都合に応じて自由にスケジュールをコントロールできるため、子どもを持つ女性に向いている仕事。

とはいえ、子どもが熱を出してお客さまとのアポイントをキャンセルしなければならないなど、思うように動けないこともありました。また、日中働いているお客さまに会うとなると、やはり夜の時間を指定されます。しかし、子どもたちを家に置いて出るわけにはいきません。

それでも生活を支えるため、仕事をあきらめるという選択はできません。甲斐さんは「どうすればできるか」を模索しました。

親だけでなく、ママ友や近隣の知人に子どものお迎えなどのサポートをお願いしたり、市の福祉課を訪ねて支援制度があるかどうかを調べました。

友人たちにも「ベビーシッターさんを探している」と伝えたところ、そのうちの一人から「こういうサービスがあるよ」という情報を得て、いいベビーシッターさんに出会うことができたそうです。

当時を振り返り、「やると決めたら、不思議と周りの環境すら変わっていった」と語る甲斐さん。しかし、自然に環境が変わったのではなく、甲斐さん自らが変えるように行動したのです。情報にアンテナを張り、自分の状況や課題を周知させたことで、自分にとって必要な情報をキャッチしやすくなり、取り入れられるようになったといえそうです。

◉子どもと過ごす時間は「長く」ではなく「濃く」

「子どもともっと一緒にいてあげたい」。ワーキングマザーの多くは、そんな葛藤を抱えています。甲斐さんも例外ではありません。

昔、子どもから言われてつらかった一言を今も覚えています。

「○○ちゃんちのママは家でパンを焼いてくれるのにな」

甲斐さんは、「そうね、お母さんもそうなりたかったな」と答えるしかありませんでした。

▶仕事を続けながらも、あきらめることなく2人の子どもを育ててきた（写真中央：甲斐さん）

外でお客さまと会うことが仕事である以上、子どもと過ごせる時間はどうしても限られます。そこで甲斐さんは、一緒にいる時間をできるかぎり濃密なものにしようとしました。

お客さまとのアポイントがキャンセルになったら、代わりに他のアポイントを入れることはせず、「今日は完全に休む」と割り切ります。そして、二人の子どもを「時間差」でお迎えに行くのです。

例えば、先に長男を迎えに行って「何がしたい?」と聞きます。「ゲームセンターに行きたい」と言えば、「じゃあ行こう。妹には内緒だよ」と、二人でゲームセンターで遊びます。

別の日には、先に長女を迎えに行き「何がしたい?」。「アイスが食べたい」と言えば、「じゃあ食べよう。お兄ちゃんには内緒ね」と、二人でアイスを食べます。

「すごくうれしそうでしたね。『二人だけの秘密なんだよね』って、満面の笑顔で。ほんの一時間程度ではありますが、兄妹それぞれにママを独り占めできる特別な時間をつくってあげて、気持ちが満たされるようにしていました」

◉毎日の「七秒間ハグ」「大好きメモ」で愛情を伝える

そして、毎日していたのは「七秒間ハグ」です。家に帰ったら、「大好き！」と、七秒間ぎゅっと抱きしめるのです。七秒とは、専門家の研究によると「もう少しこうしていたいけどそろそろ苦しい」という限界の時間なのだとか。

また、母子での手紙のやりとりも日常の習慣。子どもにメモを残すときには「冷蔵庫に○○があるから食べてね」という連絡に加え「大好きよ」のメッセージを書き添えます。子どもからの手紙では、「ママがんばってね」「ママお仕事がんばってますか。おやすみ」というメッセージを受け取ります。

「ただ何となく長い時間を一緒に過ごすより、すれ違いの時間があったとしてもお互いの気持ちを言葉とスキンシップでこまめに伝え合うことのほうが大切なんじゃないかと思います」

そんな子どもたちも今は高校生。長男は、家ではのんびりマイペースですが、学校の先生からは「責任感が強い子。頼むと何でも引き受けてやり遂げてくれる。コミュニケーション力も高い」とほめられたそうです。長女は自立心が強く、自分のことを自分でしっかり管理できる子に育ちました。体育祭でダンスリーダーを務めるなど、リーダーシップも発揮しています。

努力して目標を達成し続けるお母さんの姿を見ながら、子どもたちも生きるうえで大切なことを学びとっているに違いありません。

育児に「王道」も「正解」もない。
自分ができるやり方で、最大限の愛情を注げば、必ず伝わる。

将来の出産に備え、戦略的に働き方をチェンジ

「いつか子どもを産んでも仕事を続けたい」と考え、子どもができる前から準備を始めたライフプランナーもいます。

重松和佳子さんは、主に個人の、それも平日の昼間に働いているお客さまを対象に営業活動を行い、実績を挙げていました。相手も仕事を持っているため、商談のアポイントが取れるのは平日の夜間か土日が中心です。

近い将来の生活をイメージしたとき、「今のままのスタイルでは、子どもを育てながらライフプランナーを続けていくのは難しい」と考えました。

◉働く時間・マーケット・時間あたり生産性をマネジメントする

そこで重松さんは、アプローチする対象顧客を「法人」にも広げることにしました。企業経営にまつわる保険について経営者に提案を行うなら、訪問するのは会社の営業時間中。平日の昼間のみ活動すればいいというわけです。

重松さんには、「真剣に勝負をかけている人とお付き合いし、サポートできる存在になりたい」という想いもありました。そういう意味でも、中小企業の経営者は、まさに「付き合いたい人々」だったのです。

重松さんは、そうした経営者たちから認められ、選ばれるライフプランナーになるにはどうすればいいかを考えました。

そこで、経営者向けの金融商品はもちろん、経営者の世界観を共有できるよう、歴史なども勉強しました。

また、税理士や社会保険労務士など、企業経営者をサポートしている職業の人たちにも会いに行きました。「保険は企業経営に役立つ。情報を提供すれば顧問先の経営者に喜ばれる」と伝え、まずは彼らに保険の活用法を説明。経営者とのネットワークをつなげるに至りました。

今では多くの企業経営者から信頼を得ている重松さん。保険以外の相談にも快く応じています。

ある社長から「うちの社員たちを喜ばせたい。そのための予算を取ろうと思うが、何をすればいいだろう」と相談を受けたことも。「福利厚生として、健康的なランチを提供してはいかがでしょう」と提案したところ、アイデアが採用され、その会社の社員にも社長にも喜ばれているそうです。

「本業以外に、自分がどんなことで役立てるかを考え、思いついたらすぐに実行しています」

商談のほとんどを平日昼間に行う体制を整えた重松さん。二〇一六年の春、第一子となる長女を無事出産しました。

育児と仕事を両立できる環境は、「与えてほしい」と要望する前に自分でつくる方法を考える。

この法則のまとめ

▼まずは行動を起こしてみる。走りながら考えて改善していけばＯＫ

▼初めてのことであれば、基本を徹底的にやってみる（「守・破・離」の〝守〟）

▼好きなことに目を向けてみることで、弱点がカバーできることも

▼育児と仕事は、「こうあらなければ」に縛られなければ両立できる

Professional Business Woman

法則 5 自分スイッチを多く持つ

どんなに優秀なビジネスパーソンであっても、ずっとフルパワーで走り続けることはできません。ときには息切れしたり、休息が必要になることもあります。

そうなったとき立ち止まって動けなくなってしまうのか、エネルギーを充填して再び走り出せるのか。そこで差がつく要因の一つに、「自分の中にエンジンを持っているか」があります。他人から火を点けられたり、背中を押されても、自分がエンジンを内蔵していなければ、走り続けることはできません。

自分のエンジンを持ち、その「スイッチ」のオン・オフを自由にコントロールできれば、長いビジネス人生のドライブを快適に続けることができます。

ときにはスイッチオフしてパワーを貯めることで、スイッチオンした瞬間からチャンスをつかむパワーを発揮できるものです。

長年の目標を達成した後に感じた「空虚」

根岸由佳さんがライフプランナーに転職したばかりの頃に立てた目標。それは「社内の女性ライフプランナーの中で一番になる」というものでした。「社内コンテストの中でも権威ある賞を獲得して、営業経験がない女性でもやればできることを証明する。そして女性としての道を切り拓く」――そう決意して掲げた目標です。

以来、根岸さんは、社長杯でＧｏｌｄ Ｐｒｉｚｅという上位の賞を受賞することにこだわって努力を続けました。実現できたなら、きっとオリンピックで金メダルを取ったくらいの感動を味わい、号泣するだろう。そんなふうに想像していました。

ところが四年目にして目標を達成したとき、不思議なほど淡々としている自分に気付いたといいます。

「『あ、終わったな』と、それだけ。感動に浸る間もなく、次のことを考えたんです。明日からまたゼロからのスタート。前の目標より下げるなんてありえないから、さらに上がることを目指すだけ。『それって幸せなのかな？』と、人生について、自分というものについて考えはじめたんです」

●「自分は本当はどうありたいか」に正面から向き合う

「自分はこういう人間だと思ってきた。でも本当はそうじゃないかもしれない」

「自分が本当に求めていることって何?」

自分に問いかける作業を、毎日のように繰り返しました。

さらに、いろいろな人にも話を聴きにいきました。実家に戻って幼少期の自分のことを尋ねたり、活躍している人に会って「なぜがんばれるのか?」を探ったり。

社内外を問わず、噂を聞いて気になった人、惹きつけられる人がいると、「お話を聴かせてください!」とアポイントを取って会いにいきました。

そんなふうに自分を見つめ直す作業を続けて二年。根岸さんはようやく一つの答えにたどり着きます。

「私は少しでも、出会った多くの人に、元気・勇気・気付きを発信し続けられる生き様であり続けたい。私にとっては、業績でトップをとることよりもそのほうがずっとワクワクすることだと気付いたんです」

根岸さんはそれを「理念」「使命」として、自身が働くうえでの「軸」にセットしました。「軸」を明確にしてから三年がたちますが、いまも一ミリもぶれていないといいます。

もちろん、営業活動を続けるなかでは、怠け心が出てきてしまったり、気弱になったり、心が折れかけることも。そんなとき、「軸」に立ち返ることで「スイッチ」がオンに切り替わり、自分の意識と行動を立て直しているのです。

仕事をしていくなかで、業績目標ばかりに心を奪われると、その達成度によって一喜一憂し、モチベーションが上下してしまいます。**業績目標以外に「自分はなぜ働くのか」「何を目指すのか」という理念や使命感を持つ**ことで、目先の成果に惑わされることなく、前向きに取り組み続けられるはずです。

◉時間をかけてでも、自分の「理念」「使命」を見つける

根岸さんは法人のお客さまから「営業成績を上げる秘訣をうちの社員たちに教えてやってほしい」と頼まれ、営業セミナーを行うこともあります。

参加者は営業の「戦略」や「戦術」を知りたがり、根岸さんは自分が行ってきた行動や工夫を語ってきました。

しかし、テクニックだけ真似てみたところで、ちょっとうまくいかないとすぐやめてしまって成果にはつながらないと、根岸さんは言います。自分はなぜその仕事をするのかという「理念」「使命感」を軸として持っていなければ、小手先で何をやってもうまくいかないと、根岸さんは考えています。

「自分の理念とか使命感とか、簡単には見つからない。でも、時間がかかってもいいから、見つかるまで探し続けたほうがいい。見つかったとしても、『本当にこれかな？心から思えてるかな？　きれいごと過ぎるんじゃないかな？』なんて迷ったりもします。でも、毎日考えていれば、あるときスッと心に落ちる瞬間がくるんですよ」

皆さんが今勤務している会社にも、掲げている「理念」があるかと思います。自分はそれに心から共感できるのか、自分個人の理念に置き換えても違和感はないか、見つめ直すところから始めてみてはいかがでしょうか。

心から自然に湧き出る「理念」や「使命感」。それを軸として仕事に取り組めば、充実感が持てる。苦しいときも乗り越えられる。「自分軸」は、自ら考え、探し続けることで必ず見つかる。

人との競争から自分自身との競争へ

根岸さんとは異なるプロセスを経て、「自分は本当はどうありたいのか」を見つめ直したライフプランナーもいます。

長距離を走り続けてきた車に車検が必要なように、ビジネスパーソンもまた、長い間がんばってきた人ほど、チェックとメンテナンスが必要です。

ライフプランナーになって十六年。プルデンシャル生命で女性初の「エグゼクティブ・ライフプランナー」に認定され、周囲から尊敬の目を向けられる矢澤千絵さん。

そんな矢澤さんだからこその悩みや葛藤があるといいます。

▶専用ブースにて。エグゼクティブになるまでは、苦しいこともあったという（矢澤さん）

矢澤さんは、十七年目を迎えた今だからこそ、エグゼクティブ・ライフプランナーとしての矢澤ではなく、ひとりのビジネスパーソンとして、自分自身を見つめ直しているといいます。

長い間、高業績を挙げ続けてきた矢澤さん。そのモチベーションの源となっていたのは「人に負けたくない」「ほめられたい」という想いでした。

会社は、ライフプランナーが目標とする指標をいくつも用意しています。一定の契約件数・売上を達成すると受けられる社内表彰制度、実績に応じて認定される資格制度など。矢澤さんは目の前に掲げられた指標に対し「とりあえず達成する！」「次のタイトルをとる！」と無我夢中で取り組み、クリアしてきたのです。

「『夢をかなえるために』とか『自分を成長させるために』とか、私にはそういう思考はまったくないんです。夢なんてよくわからない。人に負けたくないし失敗したくないという一心でした。なにかと発想がネガティブなんです、私は」

そんなネガティブな発想がさらに強まったのが一年前の夏。「大きな自動車事故を起こすのではないか」「いつかお金がなくなって暮らしていけなくなるのでは」などという根拠のない不安が頭をよぎるようになりました。

しかし、その年度の三月、社内表彰制度の指標をクリアすると、いつのまにか不安感はおさまっていました。どうやら、業績を挙げ続けることへのプレッシャーで、自分で自分を追い詰めてしまっていたようです。

◉自分の「思考のクセ」と向き合う

それでも、「仕事を辞める」という発想にはなりませんでした。「自分がネガティブな思考に陥るクセがあることは想定内」と冷静に捉え、そうならないようにするための策を講じたのです。

たとえば、「丸一日ひまに過ごす日」をつくって、仕事のことを考えるのを一切やめました。また、自分一人で思考のクセを直すのは難しいと考え、「コーチング」を受けることにしました。

「コーチング」とは、「コーチ」と呼ばれる人材開発のプロが、対象者との対話を通じて自己実現や目標達成のサポートをするというもの。矢澤さんはコーチ資格を持つ友人に「私のことをまったく知らないコーチを紹介して！」と頼みました。「エグゼクティブ」の肩書を持つ自分に対し、多くの人は「意識高いんだよね」「たくさん稼いで豊かでしょう」という勝手なイメージを抱いていました。それを負担に感じていたため、自分を知らない人をパートナーに選び、自己探索に乗り出したのです。

そのコーチは、一回目の対話でこう指摘しました。

「矢澤さんは『こうしたいからこうする』ではなく、『こうなっては困るから、それを避けるためにこうする』という思考傾向がありますね。だから疲れちゃった」

この指摘には素直にうなずけました。今はコーチの指導のもと、自分のクセである「〜しなければならない」という思考を修正しています。

脳は「〜しなければならない」と考えると、「そのことが実現していない」という認識にとらわれるのだそうです。そこで、思考を「会社の目標を達成しなければならない」から「私は会社の目標を達成している」へ。「ダイエットしなければならない」から「すでに体が締まっている」へ。

また、あえて会社の目標や指標を意識しすぎないよう心がけることにしました。

「会社が用意してくれる目標や指標はモチベーションアップにつながるものだし、私がここまで長く続ける支えとなってくれました。そのように『活用』できればいいのですが、過度に敏感になったり依存するようになってはいけない。自分の価値観はどうなのか、自分はどうありたいのか、どこかのタイミングで見つめ直し、会社の目標や指標とのバランスを取るのが理想だと思います」

◉信頼できる人と話すことで頭が整理される

矢澤さんは、「自分の話を聞いてもらえる場所、人を持っておくといい」と勧めます。彼女自身は、コーチのほか、複数の人を「メンター（指導者）」として頼っています。「このテーマについてはこの人に相談する」という相手は十人以上。深く信頼を置く人が二、三人。

身近に話せそうな人がいないなら、外に探しに行けばいいのです。異業種交流会、セミナー、料理教室……自分と感性が合いそうな人が集まる場に足を運ぶことで、貴重な出会いがあるかもしれません。

「女性の脳は、だれかと話をすることで考えを整理できるメカニズムになっているとよく言われます。私もその効果を実感しています」と矢澤さん。

そのときどきの課題に応じ、ふさわしい相手と対話することで、より自分らしい自分が見えてくるといえそうです。

自分以外の価値観に引きずられていると感じたら、
一旦そこから気持ちを離してみる。
自分がとらわれているものとは無縁の人と話すことで、
思考をリセットできるかもしれない。

キャリアを重ねると「叱ってくれる人」は少なくなっていく

ビジネス社会でいきいきと活躍している人も、三百六十五日、明るく前向きでいられるわけではありません。

「私はもともと感情面での浮き沈みが激しい性格」と語るのは、冨田香織さん。不動産業界からライフプランナーに転職して二年目から営業所長としてライフプランナーの採用・育成・マネジメントを約五年半経験し、現在は支社長を務めています。

▶冨田さんが支社長を務める支社のメンバーと。いつも笑顔を心掛けている（写真1列目右：冨田さん）

◉落ち込んでいるときこそ、あえて「笑顔」で

ライフプランナー時代は、気分が落ち込んだらなかなか浮き上がれなかったという冨田さんですが、リーダーになって変わりました。リーダーのテンションが一定でなければ、メンバーも不安定にさせてしまう。それではいけないと考えたからです。

今では「いつも変わらず元気ですね」と言われます。冨田さんはどのように自分を変革したのでしょうか。

「最初は『元気』『明るい』を演じました。内心では落ち込んでいたとしても、表面的に『おはよう！』と元気よく振る舞うことは、それほど難しいことじゃない。悲しいことやつらいことがあっても、とりあえず笑っていればそのうちに気がまぎれて、いつのまにか忘れます。それを繰り返していたら、元気な自分が定着しました」

形だけでも「笑顔」をつくると、脳が「楽しい」と解釈して、本当に楽しい気持ちになってくる……という説があります。そうした**脳科学、心理学の理論をうまく使って気持ちを切り替えるのも手**といえそうです。

◉叱ってくれる年上の友人を作る

しかし、いかにリーダーとしての責任感を自覚していても、強い自分でい続けようとすると、ときには疲弊してしまいます。

冨田さんは、そんなときスイッチを切り替えて、「リーダー」から「じぶん」に戻る時間を大切にしています。

自分を「プルデンシャル生命の冨田さん」「所長（支社長）の冨田さん」としてではなく、「ひとりの女性、社会人の冨田香織」として接してくれる「親世代」の人と

▶両親ともお酒を酌み交わす。人生の先輩たちから多くのことを学んできた（写真右：冨田さん）

一緒に過ごすのです。それは青森に住む両親であったり、通っているステンドグラススクールの先生や生徒さんであったり、仕事でのお付き合いがあり気心が知れた五、六十代の人であったり。

心が疲れていると感じたときは、そういった大人とゆっくりお酒を飲むのだそうです。

そうした人々は、冨田さんを娘のように可愛がってくれます。しかし、「甘えたい、優しくされたいというだけではない」と、冨田さんは言います。

「職場でのポジションが上がると、周りに叱ってくれる人が少なくなっていくんですよね。そうなると自分が誤った方向に進んでいたとしても気付けないかもしれない。愛情を持って叱ってくれて、正しい道を示してくれる『人生の先輩』はとても大切な存在。そういう方々と過ごす時間を大切にしたいと考えています」

◉ときには仕事から離れることも必要

もう一つ、冨田さんは自分のスイッチを切り替える手段を持っています。

仕事で悩んだり多忙な日々が一区切りついたら、会社の休暇制度を利用し、日常から飛び出すのです。

行き先は国内外の南の島。ネットも電話もつながらない離島などに渡り、ダイビングで海に潜って自然に溶け込みます。

「日常の生活範囲にいるかぎり、本当のリフレッシュはなかなか得られない」と冨田さん。その場所から遠く離れ、一週間、頭と心の「仕事モード」スイッチをオフにします。

「仕事をまったくしない時間を過ごすことで、自然に『仕事がしたい！』という気持ちが湧いてくるんです」

なりたい自分を「演じて」いれば、やがて本物になり、自由に切り替えができる。
それでも、行き詰まることはあるもの。仕事や立場を忘れ、
「素」の自分に戻れる人・場所を大切にする。

この法則のまとめ

- ▼自分自身の軸を持つことが、何よりも強いスイッチになる
- ▼自分の悪いクセを知っておくと、冷静に対処できる
- ▼どうしてもしんどいとき、「演じてみる」ことで脳をコントロールしてみる
- ▼時には自然体でいられる時間をつくる

Professional Business Woman

法則 6 論理だけでも感情だけでも人は動かない

誰かを説得しようとするとき、あなたは論理的に諭すタイプですか？　それとも感情に訴えるタイプですか？

相手やシチュエーションによって、どちらもそれなりに効果を発揮するでしょう。ただし、相手に大きな決断をさせようとするなら、どちらか一方では足りないかもしれません。論理に納得し、気持ちが動いてこそ、人は行動を起こすものです。

論理的な思考と、人としての熱い想い。二つをコントロールしながら相手に向き合うことができれば、賛同者・協力者を増やし、ビジネスを発展させることができるはずです。

しかし、論理と感情を操る術は簡単に身に付くものではありません。ここでは、試行錯誤を繰り返しながらそれを体得していった女性たちの事例を見てみましょう。

「こんな仕事ムリ！」から一転、自分のスタイルを確立

女性には、「論理的に話す」ということに苦手意識を持っている人も多いようです。そもそも「論理的思考力」とは、どうすれば身に付くのでしょうか。

入社二年目にして、全女性営業社員の中でナンバーワンの成績を収めた重松和佳子さん。彼女は自身の経験を振り返り、「一つのこと、一つの気持ちに対して『なぜ？』と問い続けること」だと言います。

今ではライフプランナーとして多くの顧客を獲得し、高業績を挙げている重松さん。しかし、新卒で入社した大手消費財メーカーの営業部門で働き始めた頃は、「営業なんて絶対やっていけない！」と、挫折しかけた時期もあったそうです。

◉目先のことに惑わされず、本来の目的を見据える

重松さんがつらいと感じていたのは、営業先とのコミュニケーションでした。折衝相手は主にスーパーやドラッグストア勤務の中高年男性。今まで接点がなかったタイプの人たちであるうえ、人見知りの彼女は会話をしようにも話題をうまく見つけられず、「いいお天気ですね」としか言えなかったとか。

営業ノウハウやセールストークの指南書を何十冊読んでもピンと来ません。営業に配属された新人は、彼女以外みんなコミュニケーション上手で人と仲良くなるのが得

意。「人事はなぜ私に営業をやらせるの？　こんな仕事は続けていけない！」と心が折れかけていました。

そんなとき、発想が転換するきっかけとなったのは、当時の上司からの一言でした。

「無理してしゃべる必要はない。君は君のままでいいんだよ」

不得意なことを無理にやろうとしても、その場しのぎで終わるだけ。小手先のコミュニケーションに気をとられるのではなく、本来の「目的」に目を向けようと考えました。

以来、取引先に出向く際には、単なる「顔つなぎ」「ルーティンワーク」で終わるのではなく、一回一回「訪問目的」を意識するように。それにより、かけるべき声、話すべき内容が明確になり、会話も苦痛ではなくなったといいます。

「今日、お客さまのところに行く目的は何？」

「お客さまにどう思ってもらいたい?」
「お客さまから、どんな言葉を引き出したい?」

◉「伝える」よりも「伝わる」を意識する

そんなふうに目的を設定すると、「自分が何を話すか」より「相手は何を考えているか」「どう感じているか」に目が向くようになりました。

例えば、同じような業態のお店であっても、店舗ごとに気になっていることは異なります。「近隣の競合店に勝つためには」「新しい層の顧客を呼び込むためには」「在庫管理・発注業務を効率化するには」「アルバイトスタッフのモチベーションを高めるには」といったように。

また、店長さんの性格によって、物事を判断するポイントも異なります。「相手は何のために働いているんだろう」「相手が評価や判断する基準って何なんだろう」「相手が大切にしているものって何なんだろう」——重松さんは想像を広げ、その答えを導き出せるような質問を投げかけました。相手にどんどん話してもらい、課題と評価軸が的確につかめれば、それに応じて論理的な解決策と説得ストーリーを組み立てることができるのです。

このように、「伝える」は一方通行、「伝わる」は双方向のコミュニケーションで成り立つもの。この双方向のスタイルを確立したことで、一年後には「君のおかげで売上が上がったよ」と感謝されるまでになりました。

◉「なぜ?」「どうしたら?」を繰り返す

投げかけた質問に対して返ってきた答えに対し、重松さんはさらに掘り下げて考えます。

「なぜ、この人はそう思うのか?」
「なぜ、現状はそうなっているのか?」

「なぜ」とともに「どうしたら」にも考えを巡らせます。

「どうしたらできるのか？」
「どうしたらわかってもらえるのか？」

そうして、自分自身が納得するまで考え抜き、バリエーションを持っておくことで、相手から何を聞かれても論理的に答えられるようになりました。

「**『なぜ』『どうして』の思考を日々繰り返すことで、点と点が線につながり、面になり、説得力が増します。**一貫性があることには、人は納得するんです」

◉「本気」の言葉が相手を動かす

ライフプランナーに転身した後も、これまで得意としてきた論理的思考でお客さまに向き合いました。「この仕事は外科手術のようなもの」と重松さんは言います。

「世の営業職の中には、相手の不安をあおりながら腹を探るという手法を使う人もいますよね。でも、それって小さな傷口をじわじわとえぐるみたい。それよりも私は、切れ味のよいメスで的確に患部を切り開き、疾患を取り除いた後、きれいに縫合してあげたい。『あなたの問題はAです。それを解決するにはBです』と、論理性を持って、すっぱりと指摘・解決してあげたいんです」

しかし、それだけでは足りないことを、重松さんは感じています。論理的な説明を受けて「確かにそうだね」と納得はしているのに、「少し考えたい」とか「金額を調整してほしい」などと先延ばしにして、なかなか契約に至らない人も多数います。納得するだけでなく、何らかの「感情」が加わらなければ、契約という決断には至らない――ライフプランナーになって気付いたことです。

「どうすれば相手の感情を動かすことができるのか」

多くの人との出会いの中で、重松さんがたどり着いた答えは、「自分が相手を本気で愛すること」でした。

「相手のことを愛したら、相手の利益や幸せを心から願うことができます。願うだけでなく、相手のためになる行動や言葉選びができる。真摯な愛情は必ず伝わるし、本気の感情で向き合えば、本気の感情が返ってくると実感しています」

本気がきちんと伝わることで、先延ばしされることも、提案内容を覆されることもなく、重松さんの提案通りに契約が決まるのです。

重松さんが業績目標を追いかけて活動しているとき、その様子を見たお客さまがたくさんのお客さまを紹介してくださることがあるそうです。そんなとき重松さんは、相手がごく自然に「彼女の力になってあげたい」「彼女を喜ばせてあげたい」という感情に突き動かされていると感じています。

そこにあるのは、「義理」や「お付き合い」ではなく、自分と相手の「本気」です。

同じ言葉で提案をしても、どれだけ深く、真剣に考えているかによって伝わり方は異なるもの。お客さまのためを思って考え抜いた提案であれば、相手も真剣に耳を傾け、答えを出してくれるのです。

◉関係を深めるには失敗談も含め自分をさらけ出す

とはいえ、好意を持てない相手を無理に愛そうとすることはしません。お金のために無理して人に会いに行ったり、おべんちゃらを言ったり。「そんなのは時間がもったいない！」と考えています。だから、まずは「愛せる人」に自分の前に座ってもらうことを目指しています。

では、「愛せる人」とはどんな人か。それは、自分が大切にしている人が大切にしている人。好きな人に、その人が好きな人を紹介してもらうのです。すると、多くの場合は初対面から好意を抱けるといいます。

「『好きになれそう』と思った相手であれば、自分のことを素直にさらけ出すことができます。商談の失敗談や悩みまで話すことで、相手も安心して自分をオープンにできる。お互いに包み隠さず本音の会話を交わすことで、人としての愛情が深まっていくのだと思います」

大切な場面で人の「感情」を動かせる人は、ビジネスパーソンとしてだけでなく、一人の人として本音・本気のコミュニケーションを積み重ねているのです。

想像力を働かせ、突き詰めて考えることで「論理性」が高まる。
自分が本気・本音で向き合うことで、「感情」を動かすことができる。

感情にも論理にも頼らないマネジメントでメンバーを育成

後輩や部下を持ち、指導する立場にある人は、メンバーに対してどんなスタンスで向き合えばいいのか悩むこともあるのではないでしょうか。

ライフプランナーをマネジメントする所長を五年半務めた後、プルデンシャル生命二人目の女性支社長に就任した冨田香織さん。所長時代は、女性トップのライフプランナーを輩出したなど、社員の採用・育成で成果を上げてきました。しかしそんな彼女もまた、さまざまな失敗を積み重ねながらメンバーを育て上げてきたのです。

「所長になって三年間は無我夢中で、ただ『成功してほしい』という感情のみで、メンバーたちにぶつかっていました。でも、それでは人は離れていくだけだと気付いたんです」

◉相手が自覚していることはあえて指摘しない

冨田さんが当時メンバーたちにぶつけていた感情とは、決して私的で身勝手な感情ではありません。「何としても売れてほしい」という、メンバーの成功を願う強い気持ちでした。売れるようになる道筋を示すために、「今のやり方ではいけない」と厳しく指摘することもありました。しかし、そんな冨田さんに対し、黙り込み、目を背けるメンバーもいたのです。

「『これじゃダメ』なんて、本人が十分自覚しているんですよね。それを上司である私が言ったところで何の励みにもならないし、追い詰めるだけだと、所長になって三年たったときようやく気付いたんです」

それから冨田さんは、メンバーが自分の思うとおりにやるのを見守り、できたときにほめて自信を付けさせる、という方針に転換。メンバーを叱るのは、時間やマナーを守れていなかったり、人への配慮が欠けているような場合のみ。営業活動のやり方や業績に対して叱責することをやめました。

うまくいっていないメンバーに対しては「こうしてみなさい」と指示したくなる気持ちをぐっとこらえ、メンバーの報告や相談を「聴く」ことに集中。自身が伝えたいことは一つか二つに絞り、最後に伝えるようにしました。

◉ネガティブな言葉をポジティブな言葉に変換する

冨田さんはメンバーに何かを伝えるとき、自分が発する言葉が「否定」「批判」と受け取られないように注意を払ったといいます。例えば、このように表現を転換するのです。

「できていないね」ではなく「あなたならもっとできるよ」。「そのやり方は間違っている」ではなく「そのやり方だと、あなたの本来の良さが出ないからもったいないよね」「それはあなたらしくないと思う」。

言いにくいことも、ポジティブな言葉であれば伝えやすくなりますし、相手も素直に聞いてくれるようになるのです。

メンバーの考えを受け止め、認めたうえで、よりよい方向に前向きに向かうようなサポートをする。そんなスタンスで接することでメンバーは自立心が養われ、モチベーション高く取り組み、成長を遂げていきました。チーム全員が社内コンテストに入賞を果たすという実績も挙げたのです。

◉指示はしない。自分で気付くように仕向ける

意見やアドバイスを求められると、ポイントを絞って伝えるという冨田さん。しか

し、メンバーはそう簡単に納得しないといいます。

「どんなに正論を言ったって、相手に受け入れる姿勢がないかぎり響かない。自分自身で気付かないと、人は変わらないんです。だから本人が自分で気付くまで、私は質問とちょっとしたヒントの提供を繰り返すんです」

数年前まで、冨田さんはメンバーにこう尋ねていました。「私はあなたに足りないのはこれだと思うんだけど、どう思う?」。今は違います。メンバー自身が「私に足りないのはこれなんだ」と気付くためにはどうすればいいかを考え、その方向に導く質問を投げかけます。

メンバーが「〝A〟の方法でやっているんですが、うまくいかないんです」と相談してきた場合、「〝B〟の方法でやればいい」とストレートに解決策を提示することはしません。自立心が強い人ほど、他者から与えられるものには反発を覚えることも。そこで冨田さんは、本人が自分で答えを見出せるまで付き合います。

「あなたが〝A〟の方法がいいと思うなら、ぜひそれをやってみて」

「そうなんですかね……いや、それだけではいけないような気がします」

「そうなんだ、なぜそう思うの？」

「もっと違う方法があるんじゃないかと」

「そうなんだ、例えばどんなものがあると思う？」

「うーん……〝B〟の方法がいいんじゃないかと思います」

「その気付きは素晴らしいね！　やってみればいいと思うよ！」


冨田さんは言います。

「私は部下の考えを１００％認める。中途半端に自分の意見をちらつかせるから、反発心が生まれてしまうんです。これは上司である本部長から教えてもらったことですが、『〝じかく〟の五ステップ』が、部下育成にとって非常に重要だと考えています。五ステップとは、①自覚→②自発→③自信→④自立→⑤自律。マネジメントは、このステップのうち最初の二つ、『①自覚』と『②自発』を促すことがとても大切だと思います。自分で気が付いたという実感を得ることで自信が付き、やりがいを持って仕事ができるようになるからです」

だからこそ冨田さんは、一方的に指導するのではなく、本人が自身で気付けるようサポートすることを心がけています。

本人の気付きに至るまでは、当然時間がかかることも、遠回りをすることもあります。焦らず、相手のペースに合わせて寄り添い続けるために、冨田さんは精神科医のカウンセリング動画も見て勉強しているそうです。

感情だけでぶつかって反発され、理論での説得も通じずにもどかしい思いをしてきた冨田さん。今は相手の目線に立つことで、状況に応じて感情と理論の配分をコントロールできているようです。

「『この会社に入ってよかった』『人生を変えることができた』というメンバーの声を

聞くのが、管理職として何よりのやりがい。自分が納得したやり方で成功を勝ち取る喜びを味わえるように、サポートしていきたいと思います」

感情も論理も、相手が受け入れる姿勢になっていなければ通用しない。
まずは自分が相手を受け入れる。
そうすれば、相手に響くのはどんな言葉なのかが見えてくる。

この法則のまとめ

▼「それはなぜか？」を繰り返し考えることで、論理的思考力は磨かれる
▼相手の立場や目的を想像しておくことで、アプローチすべき適切な切り口（ロジック）がわかる
▼自分の論理を押し付けず、相手の論理で納得できるよう〝促す〟ことで、相手の納得感は強くなる

Professional Business Woman

法則 7 大きな決断は99%直感に従う

「やらないで後悔するよりも、やって後悔したほうがいい」

よく語られるこの言葉には、多くの人が納得、共感しているのではないでしょうか。

しかし、チャンスが訪れていることがわかっていながら、なかなか決断がつかず、逃してしまうこともあると思います。

あるいは、自分の判断に自信が持てず、他の人の意見に流された結果、あきらめてしまう人もいます。

あとになって「やはりチャレンジしておけばよかった」と悔やまないためには、自分の直感を信じて行動を起こすことも大切です。直感で決断したことを、「正解」という結果に導くのは自分自身。自分の信念にもとづいて決めたことであれば、途中で迷うことも少なく、走り続けることができるでしょう。

ここで紹介するのは、世間や他人の声などにはとらわれず、自分自身の直感を信じて大きな決断を下してきた女性たちです。

彼女たちは何を根拠とすることで、決断に踏み切れているのでしょうか。

迷っていたら、時間がもったいない！

江森陽子さんは、自分がいいと思ったら一瞬も悩むことなく瞬時に決断。それで「間違った」と後悔したことはあまりないといいます。普段の服装や食事はもちろん、大きな買い物をするときもそうでした。

二回経験した転職においても、迷いはありませんでした。大学卒業後、薬剤師として薬局に勤務しましたが、製薬会社でＭＲ（医薬品情報を医師に提供する営業）の仕事に就くチャンスに出合い、半年で転職。ＭＲとして在職中、ヘッドハンティング会社から何度か転職の誘いを受けましたが、最初の段階でピンとこなければすぐに断ってきました。

ライフプランナーへの転職を決意したときも、声をかけられて話を聞き、すぐに決断。他の人には相談していないそうです。

◉日常の小さな決断であってもスピードを意識する

「迷っている時間は、もったいないと思うんです。タイムイズマネーと言われるように、時間はお金を出して買ってもいいくらい価値があるものだと考えています。人間って不平等なことがいっぱいあるけれど、持っている時間だけはだれもが平等。だったらそれをなるべく有意義に活用したほうがいい。悩むことに時間をとられていたらもったいない！」

時間を「コスト」として捉えると、悩んでいる時間を効率的に使おうという意識が働きます。結果、決断のスピードを上げられるというわけです。

そもそも人生とは決断の連続。朝、目覚まし時計が鳴ったらすぐ起きるのか、あと十分寝るのか。ランチはどこで、何を食べるのか。常に決断を迫られ、自分の迷いと戦っています。人は一日のうち、一万回以上の決断をするといいます。**それら一つひとつの決断スピードを意識して上げていくことで、どんどん効率的になり、直感力も養われる。**江森さんはそんなふうに考えています。

◉「なりたい」ではなく「なる」。明確な目標が決断力を高める

今の自分を変えたい。何かにチャレンジしたい……。そんな想いを抱いていても、決断ができないがために具体的な行動に移せずにいる人は少なくないようです。

転職を考えているとき、興味を持った企業があっても応募に踏み切れない。スキルアップしたいと考えていても、「もっと他のものを習ったほうがいいのでは」と迷い、スクールの門を叩けない。そんな自分にもどかしさを感じていたりします。

迷いを突破するには、どうすればいいのでしょうか。江森さんは「目標を明確に見据えたほうがいい」と言います。

「自分の将来像について『こうなれるといいな』という程度の想いでは弱いと思います。『必ずこんな自分になる』と、目指すイメージをより明確にするのが先決。その目標に照らし合わせれば、迷っている対象物が自分にとって必要か必要でないか、すぐに判断できるはずです」

自分の直感に従って早く決断するということは、
つまりは時間を大切にし、時間を有意義に使うということ。

「なりたい自分像」が明確になれば、スピーディに決断できる。

「遠回り」の経験が、直感力を磨いた

自分の直感で大きな決断を下せる人とは、必ずしも天性の「ひらめき力」が備わっている人だとはかぎりません。

悩み、考え抜き、試行錯誤を繰り返してきたからこそ、自分にとっての優先順位が明確になり、いざ選択肢を提示されたときに即断ができる人もいます。

「生命保険なんて全然興味がなかったし、むしろ保険の営業にはネガティブなイメージを持っていました。でも『私はここで輝きたい』と直感したんです」

ライフプランナーになると決意した当時を、根岸由佳さんはそう振り返ります。

「良妻賢母」を理想として、一旦は専業主婦となった根岸さん。自分が心から情熱を注げるものを求めて模索を続け、まわり道もたくさんして、この世界に飛び込みまし

た。彼女はどんな想いで、この選択にたどり着いたのでしょうか。

根岸さんは、コンビニエンスストアチェーンの本部にスーパーバイザーとして八年間勤務したのち、三十一歳で結婚。その直前に会社を退職しました。前職では必死に仕事に取り組み、すでに「やり切った」という達成感がありました。何よりも、結婚後は家庭を最優先すべきという想いが強かったからです。

「夫が仕事で最高のパフォーマンスを上げられるように支えることが妻の務め。当時はそう信じて疑いませんでした。自分が子どもの頃、母はずっと家で一緒にいてくれて、まるで家族の太陽のような存在でした。そんな妻像・母親像を理想として描いていたのです」

結婚後、広島から大阪に転居。根岸さんは描いていたイメージどおりの生活を実践しました。朝は六時に起きて夫の弁当をつくり、夫を駅まで車で送ります。日中に掃除・洗濯・買い物を済ませ、夕食とお風呂の支度をして夫の帰りを待ちました。

ただ、家庭生活を営む一方で、広島の実家に頻繁に帰らなければならない事情もありました。結婚式の九日後、弟がくも膜下出血で急逝したのです。ふさぎこむ両親を支えるため、広島と大阪を行き来する時期がしばらく続きました。

◉「今できること」から行動を起こしてみる

こうして根岸さんは、新婚一年目を悲しみに耐えながら過ごすことになりました。しかし、弟の死という出来事さえなければ幸せだったかというと、そうとは言い切れないようです。「専業主婦」としての生活に対しても、満たされない気持ちを抱えていたといいます。

「世の中から隔離されたような感覚。家で一人ぼっちで過ごす間、私はなんのために生きているのか、何をしたいのか、ずっと考え続けていました。これまでは趣味のバスケットボールやスーパーバイザーとしての仕事に情熱を注いできたのに、今の私は輝いていない、存在意義を感じられない、人の役に立てない。情熱を注げる夢がないことがいかに苦しいかを実感したんです。前の仕事はつらいことも多かったけれど、あの時期に戻るほうがずっといいと思いました」

自分の収入がなくなったぶん、これまでと同じ感覚でお金を使えないこともストレスのひとつでした。夫が稼いできたお金だから、自分のことに使うのは申し訳なく感じてしまう。欲しいと思ったものを自由に買えないことも、精神を追い詰める一因となりました。

いてもたってもいられなくなった根岸さんは「今の自分にできること」を探しはじめました。最初は、家でできることからスタート。ネットでさまざまなトレンド情報を調べたり、FXのデイトレードを試したりしました。ネットショップのサイト構築システムを購入し、雑貨のネット販売にチャレンジしたことも。

結婚一年を過ぎた頃からは、外にも飛び出しました。フラワーアレンジメントの教室に通い、前職の経験を活かして教室運営のお手伝いもしました。フラワーアレンジメントの技術が身に付くと、フラワーショップでアルバイトもしてみました。ホームパーティを開きたいと考え、テーブルコーディネートの勉強もしたそうです。

もう一度ビジネス社会に戻ろうと考え、派遣会社に登録。これまでやったことがなかった営業事務の仕事も経験しました。

◉「できる・できない」は考えない。「やってみたい」というワクワクする気持ちに素直になる

いろいろなものにチャレンジすることで、自分が情熱を注げるものを探し続けた根岸さん。しかし、どれもしっくりきません。

「何か違う」
「ここはずっといる世界じゃない」

次は何をしようと考えているとき、紹介されたのがプルデンシャル生命の営業所長でした。プルデンシャル生命では、所長がライフプランナーをスカウトします。その所長は、ライフプランナーとしての素養を持つ人材を探していました。

保険の営業の仕事にいいイメージを抱いていなかったという根岸さん。最初は断り

ましたが、なりゆきでカフェで話すことに。所長は保険の仕事の話を一切せず、彼女が自分の想いを語るのを、ただじっと聞いてくれました。「よかったら支社に遊びにきませんか」。そう誘われて、「遊びに行くノリでいいのなら、社会勉強にもなるし」と、軽い気持ちで会社を訪問。それから間もなく、根岸さんはプルデンシャル生命に入社しました。

抵抗感を抱いていた「保険の営業」への転職を決意するまで、わずか一、二週間。それはまさに「直感」といえるものでした。これまで多くのものを経験してきたからこそ、直感的に「これ」と感じ取ることができたのでしょう。

まず彼女の心を奮わせたのは、「プロ集団」という言葉と、それを体現したオフィスの雰囲気。そして、自分の好きなときに好きなだけ働ける「Free to Work」(※)、貢献度に応じて報酬が決まる「Contribution = Compensation(貢献=報酬)」(※)に強く惹かれたといいます。(※は二一〇ページを参照)

プロとして自分に誇りを持つことができる。がんばることを制限されない。自分が

▶大阪でのイベント開催の様子。常にいろいろなことにチャレンジしている（写真右：根岸さん）

求めていたのはこれだと感じたのです。

「自分ががんばっている姿、輝いている姿が瞬時に想像できたんです。自分が輝けるステージが目の前にある。素直にワクワク感が湧き上がってきました。できるできないは考えず、ただそのステージに立つことを欲した。たまたま『保険業界』というステージだったけれど、他の業界や商品だとしても同じように決断しただろうと思います」

自分の存在意義と情熱のやり場を見失い、二年にわたってもがき苦しんだ専業主婦期間。今振り返って「あの時期があって本当によかった」と根岸さんは言います。

「必死で打ち込めるもの、情熱を注げるものがないということが、どんなにつらいかを学べた。今ここでこうしていられることに心から感謝できるんです」

根岸さんはさまざまな経験をしたからこそ、本当に自分がやりたいことに出合ったとき、迷わず選ぶことができたようです。

迷ったら、深く考えず、とにかくいろいろなことを体験してみる。
ピンとくるもの・こないものが仕分けされていくことで、本当に求めているものが現れたとき、瞬時に決断できるようになる。

この
法則の
まとめ

▼目指す姿を明確にすることで、取捨選択がしやすくなり決断スピードがアップする

▼天性の直感などない。経験を重ねれば重ねるほど直感の精度が上がる

Professional Business Woman

法則 8 壁がみえたら ラッキーと思う

長い人生を歩んでいく中で、誰もがどこかで「壁」にぶつかります。

壁にぶつかったとき、あなたならどんなリアクションを起こしますか？

背中を向けて今来た道を戻ったり、壁づたいに平行線上を歩いていく方法もあるでしょう。でも、それでは壁の向こうにどんな景色があるのか気になったまま、逃げ腰な自分に嫌悪感を抱いてしまうこともあるかもしれません。

一方、壁に向かってどうすれば越えられるかをずっと考え続ける人、とりあえずよじのぼってみる人もいるでしょう。この場合、考えている途中、のぼっている途中で「この壁を越えることに何の意味があるんだろう？」という疑問が浮かび、挫折してしまうこともあるかもしれません。

いずれにしても、大切なのは「マインドセット」。壁に対して、自分がどんな心構え、姿勢で向き合うのかを考え、納得することが大切です。壁を前にしたとき、「越える苦しさ」をイメージして憂うつになったり臆病になるのではなく、「成長する喜び」に目を向けて「ラッキー」くらいに捉えてみる。そうすることで、壁を乗り越えるエネルギーが湧き、壁の向こうにあるチャンスをつかむことができるはずです。

ここでは、壁にぶつかった経験を持つ女性たちが、どのようなマインドセットで壁に向き合ってきたのかをご紹介します。

困難覚悟で、会社初の「女性管理職」に就任

「難しいプロジェクトの責任者に任命された」「管理職への昇進を打診された」など、客観的に見ればチャンスであることも、「高い壁」と感じて尻込みしてしまう人もいるようです。「私にはできないのでは」と悩み、断ってしまうことも。それはとてももったいないことです。

長谷川尚子さんの場合、通常の人であれば「高い壁」と感じるようなチャレンジをいくつも経験してきました。

まったくの異業界に転職し、入社後は営業所長から支社長を経てプロジェクトリーダーを務め、そしてまた支社長として現場へ。いずれも、自分から積極的に志願した

わけではなく、人から「やってみたら」「やってほしい」と言われてやることになったのだそうです。どちらかといえば「受け身」からのスタートでした。

◉未知の世界に飛び込むことが、自分を成長させるチャンス

未経験で未知数の状態での新たなチャレンジ。多くの人は「自分にはハードルが高すぎる」「失敗するんじゃないか」と尻込みするところですが、長谷川さんは不安や葛藤といったものをあまり感じなかったといいます。

長谷川さんは子どもの頃から父の仕事の都合で海外で暮らしていました。マレーシア、オーストラリア、フィジーなど、文化も生活習慣も異なる国を転々とし、ゼロから新しい土地になじむという経験を繰り返してきたそうです。

「新しい環境に飛び込むことは、大変でもあるけれど、必ずおもしろい発見がある」

長谷川さんはそれを身をもって体験していたのです。思い切って飛び込んでみることで初めて見える風景、築ける人間関係があります。そのように自分が成長できるき

っかけを逃すのはもったいないと、長谷川さんは考えています。

人は未知の世界に出合うと、「できるだろうか」という不安が生まれ、「このままでいいや」というコンフォートゾーンに留まろうとしてしまいます。そんなとき、**新しく出合えるものへの期待と、それによって成長できる自分をイメージしてみれば、これまで壁だと感じていたものが、壁と感じなくなる**かもしれません。

◉高すぎる壁に挑むときは、低めの壁から攻略する

そうはいっても、やはり最初の一歩を踏み出しにくいこともあります。

実は長谷川さん、営業所長にならないかと言われたのを一度は断っていました。「女性の活躍をさらに推進するため、ロールモデルとなってほしい」と言われました。しかし、「女性だから」というだけで持ち上げられ、実力が伴っていないのでは、と言われないようにしなければならないと考えたのです。

そこで長谷川さんは、まずライフプランナーとして一定の水準をクリアすることを宣言。その目標を見事達成しました。そうして自分に自信を付けたうえで、所長になろうと決断したのです。

高い壁を感じたとき、まず目の前にある比較的取り組みやすい壁にトライしてクリアし、自信を得たうえで高い壁にチャレンジするのも有効な方法といえそうです。

◉自分のチャレンジが後輩の大きな道しるべになる

当時、社内では女性は少なく、男性が中心に活躍していました。その中で女性管理職となり、女性ならではの強みを活かして認められていくには、困難が伴うことが予想できました。

そんな難しいミッションを長谷川さんが受け容れたのは、「使命感」によるところが大きかったといいます。

「よりよく変革するために、さらに強い会社にするために、誰かが最初のチャレンジをしなければならない」

ここで自分が断って「会社初・女性管理職の登用」は難しいと思われてしまったら、

後進の女性たちのチャンスの芽も摘み取ってしまうかもしれない――長谷川さんは後輩たちや会社の未来をイメージし、それに貢献したいと考えたのでした。そして同時に、期待をかけてくれる上司の想いにも応えたいと思ったのです。

今では、十名以上の女性が営業所長に就任し、長谷川さんに続く二人目の支社長も誕生しました。長谷川さんが壁を越えたことが、後輩の壁をなくすきっかけになったのかもしれません。

「チャレンジしたことはすべて、私にとって大きな学びとなりました。平坦な道を歩き続けていたなら、こんなに自分の成長を感じることはなかったでしょう。『壁』は自分を苦しめるものではない。自分を成長させてくれる『チャンス』なんです。壁にぶつかったら、『チャンスが来た。ラッキー』くらいの気持ちで挑む方が、きっと仕事が楽しくなりますよ」

壁の向こう側には、必ず新しい景色が広がっている。
それを見ることを楽しみに攻略する。

幼子二人をかかえ、人生最大の危機に直面

「壁がみえたらラッキーと思う」。それができれば、壁を乗り越えることを「楽しい」とさえ感じることができます。

しかし、どんなにポジティブに捉えたとしても「ラッキー」とは言えない壁もあります。そんな深刻な壁にぶつかった経験を持つのが、甲斐貴子さんです。

◉神様は乗り越えられない壁は与えない

甲斐さんは十数年前の一時期、原因不明の難病を患いました。離婚して一年後、看護師として働きながら三歳と五歳の子を育てていた頃のことです。全身の関節が腫れ上がって痛みが続き、休職を余儀なくされました。

病院を三カ所まわっても明確な診断がつきません。以前、救急部門に勤務していたとき、同じような症状で亡くなった三十代の女性患者を見ていたことから、初めて「死」を間近に感じました。

「私が死んだら子どもたちはどうなるのか」「両親や弟たちに負担をかけてはいけない。いっそ子どもを連れて心中しようか」――そんな考えがよぎりました。「なぜ自分だけこんなに苦しい思いをしなくてはならないの」。絶望感にとらわれていたとき、知人からある言葉をかけられました。

「神様は、その人が乗り越えられない壁は与えないんだよ」

その言葉は、心にすっと入ってきました。また、子どもたちが自分をいたわり、支えようとしてくれる姿が励みとなり、甲斐さんは「必ずよくなる」と信じる、根拠がなくても信じ切ることにしたのです。

幸いにも病気は回復。自分の死を現実として受け止めたのを機に「生命保険」の重要性を感じた甲斐さんは、ライフプランナーに転身しました。

◉「深刻」にならない。「真剣」になる

ライフプランナーとしての活動では、「目標数字を追う」という、新たな壁にぶつかりました。一つ目標をクリアしても、また次の期の目標がやってくる。壁の連続であると、甲斐さんは言います。

死という恐怖を乗り越えた彼女は、どんな想いで今の壁に向き合っているのでしょうか。

「なるようになる。どんな失敗をしたって命までとられることはない。そんな心境ですね。嫌なことがあっても悩みを抱えても、時間が解決してくれます。大変なことは日々押し寄せてくるけど、一つひとつに深刻になっていては身がもちません。だから『深刻』にならず『真剣』に向き合うんです」

「深刻」になると、発想がネガティブな方向に傾きがちで、体がフリーズし、足が止まってしまいます。しかし、「真剣」になると解決に向けて思考を巡らせ、前に一歩踏み出せるようになります。

解決するためには、「動く」しかない。動きさえすれば解決への道筋が見えてくることを、甲斐さんは経験から学んだのです。

◉目の前の目標にコツコツ取り組めば、いつの間にか壁を越えている

甲斐さんは毎回壁を乗り越える感覚で目標数字を追っていますが、その目標は会社や他者から与えられたものではありません。あくまで自分自身で設定したものです。

プルデンシャル生命では二番目、そして西日本では初めて女性で「エグゼクティブ・ライフプランナー」に認定された甲斐さん。エグゼクティブ・ライフプランナーという壁を越え、多くの方から「すごいですね」と称賛されますが、実はあまりピンときていません。エグゼクティブの称号を目標として活動してきたわけではないからです。

では、彼女はどこに目標を置いてきたのでしょうか。

「生活ができるだけの収入を得ることはもちろんですが、自分が納得して充実感を得られることを目標に置いています。『これくらいやらないと、働いた気になれない』というレベルを基準にコツコツと活動を続けてきた結果、自然とこのポジションに到

達したんです」

プルデンシャル生命の取り組みのひとつに、一定の基準（毎月十二件の成約）をクリアすると授与される「メダル」があります。甲斐さんはこのメダルを取ることに、ずっと取り組んできました。メダルの数が増えていくのを子どもたちが望み、喜んでくれたことが、甲斐さんのがんばりを後押ししました。

ビジネスで成功する秘訣として、「高い目標を掲げ、期限を決めるべし」とよく言われます。しかし、甲斐さんの場合、「目の前のことを一生懸命にやる」をひたむきに続けてきたのです。

女性は育児や介護など、そのときの状況や環境によって働き方を変えざるを得ません。しかし、社会一般の通念にとらわれ、同じようにやろうとしてしまいがちです。それがストレスになって自分を押しつぶしてしまってはいけないと、甲斐さんは言います。

「目標の持ち方は、人それぞれでいい。そのとき、そのときの状況に合わせて、柔軟に目標を設定すればいいんです。自分が成長できるように、負荷が少しかかり『がんばればできる』という目標でもいいのではないでしょうか。**大切なのは、目標を達成すること。その積み重ねがいつか大きな成長につながるんです**」

エグゼクティブという最高位に到達した甲斐さんは、今どこに目標を置いているのでしょうか。

「いつか自分がこの世を去るとき、自分の人生に『〇（マル）』を付けられればいいな、と思っています。最終的に良かったな、もう一回同じことをやりたいな、と思いたい。だから、目先の目標数字にはあまり固執せず、自分が納得できるよう、目の前の壁を乗り越え続けます」

仮に失敗したとしても、やり直しはきく。
深刻にならず、負荷をかけ過ぎず、自分のペースで壁をのぼればいい。

子どもの頃からの「弱点」に向き合った

「壁」にぶつかっても、逃げずにチャレンジする。それは確実に成長をもたらしますが、場合によっては、壁を「越える」だけが正解とは限りません。

壁に当たったことで、別の道を探し、新たに見つけた道を進むことで成長につながることもあるからです。

そのために大切なのは、壁に背を向けるのではなく、壁にちゃんと向き合うこと。壁の本質を見極めることで、新たな展開が見えてくることもあります。

江森陽子さんは、ある自分の弱点がずっと気になっていました。それは「追い詰められないとできない」という性分です。

小学生の頃は、夏休みの宿題を八月末に慌てて仕上げる。学生時代の試験勉強は一夜漬け。ライフプランナーになってもその傾向は変わらなかったのです。

プルデンシャル生命には、年間営業成績で一定の基準をクリアしたライフプランナーを表彰するコンテストがあります。江森さんはその基準を何度もクリアしていますが、達成はいつも期末ギリギリ。最後の数ヵ月で一気に数字をつくり上げてきました。「期初から継続的に数字を上げていけばラクなのに、なぜ私は最初からがんばれないんだろう？」

そんな自分の性分が今後の成長を阻む壁になっていると感じ、自分を変えたいと思っていました。

◉自分のありのままを受け容れることが力になる

そんな課題を解決し、もうひとまわり成長したいと考えた江森さんは、「突破」をテーマとした研修に参加しました。文字どおり、自分の枠を突き破る、壁を乗り越えることを目的とした研修です。

そこで学んだのは意外な考え方でした。「自分を変える必要はない」という概念です。

日本人には特に、「私なんて……」と自信を持てなかったり、自分を過小評価したりする人が多いようです。そんな自分を無理に変えようとするのではなく、受け容れようというものでした。

「自分を承認したほうがパワフルでいられる。弱みは弱みとして受け容れ、別の部分で新たな自分を生み出し、力を発揮すればいい――そんな発想に変わり、気持ちが楽になりました」

なぜ自分は追い詰められないとできないのか。その答えは見つかっていません。けれど、「そんな自分でいい」と考えれば、それは「壁」や「障害」ではなくなります。

できないことを嘆くのではなく、できる道を探して進めばいいのです。

江森さんはありのままの自分を承認できるようになったことで、お客さまに対するスタンスが変わったといいます。それまでは、「お客さまに嫌われたくない」という気持ちから、言いたいことを率直に言えない自分がいました。しかし、自分が正しい、必要だと思うことは、自信を持ってどんどん伝えられるようになりました。すると、お客さまとの距離を縮めるのに時間がかからなくなったといいます。例えば、これまで三回の面談を経て築いていた信頼関係のレベルに、一、二回の面談で到達できるようになったのです。こうして、徐々に時間に余裕を持って行動できるようになってきたのだそうです。

越えられない壁であれば、違う道を探すのも手。
壁にぶつかるという経験を積極的に「活用」することで、
新しい道を見つけられるかもしれない。

この法則のまとめ

▼壁にぶつかったら「成長」のチャンスと捉える
▼小さな壁を越えていけば大きな壁も越えられる
▼小さな成功体験が壁に向き合う自信になる

Professional Business Woman

法則 9　しなやかさと図々しさを武器にする

「しなやかな立ち居振る舞い」は、女性が本来得意と言われる分野。しかし、ときに「しなやか」をはき違えてしまうこともあります。「しなやかであるためには、頑固にならず、柔軟な姿勢でいることが大事」——そう考えて、他の人々の考えや行動を何でも受け容れてしまう。そのうち、いつのまにか「自分」をなくしてしまうことも。人に言われるがまま振り回される事態に陥っては、自分を苦しめることになります。

他者からの要求に柔軟に応えながらも、ときには図々しく自分を主張する。相手を立てながらも、キモとなる部分ではさりげなく主導権を握っている。そうすれば、自分の方にチャンスを呼び込むことができます。自分が本当に大切にしたいものを守り、自分らしいスタイルで生きていけるものです。

紹介の無限連鎖をつくる

毎年の業績を評価する社内コンテストで上位に入賞し、海外でも表彰された秋葉雅代さん。彼女の顧客のほとんどは、知人から紹介を受けて出会った人たち。つまり、「紹介」のみで営業活動を展開しているのです。

知人たちはなぜ、秋葉さんに「お客さま候補」となる人たちを積極的に紹介してくれるのでしょうか。その理由は、秋葉さんの対人コミュニケーション術にありました。

◉徹底的に相手に尽くす

彼女の強みは、徹底的に「相手に尽くす」というところです。すべての人に対して、「相手が何を求めているか」を察し、提供するものを変えることを心がけているのです。自分のスタイルを、一方的に相手に押し付けることをしないのです。

一口に「相手に尽くす」と言っても簡単なことではありません。しかし秋葉さんはしなやかに立ち回っています。

話を聞いてほしい人がいれば、自分が話したいことは脇に置いておき、相手の話にとことん耳を傾ける。アドバイスを求めている人に対しては、知識や情報を集めて提供する。自信をなくしている人がいれば、相手のいいところを見つけてほめてあげる。利用客数を増やしたい店舗経営者がいれば、自分の知人を連れて訪れる。――そんなふうに、相手がしてほしいと思っていることをしてあげるのです。

特に最近では、人と人を引き合わせてあげることが多いといいます。ライフプランナーとしての活動を通じ、さまざまな業種・職種の人とお付き合いがある秋葉さん。「AさんとBさんが出会えば、お互いに利益となるコラボレーションが生まれるのでは」と考えると、紹介して結び付けるのです。

そんな秋葉さんのサポートによって有益な人脈や有益な情報を得た社長は、「きみが困ったときはなんでも相談して。力になるから」と言ってくれているそうです。

「もともとは人に喜んでもらえるのがうれしくてしていること。けれど、自分に返ってくることに気付きました。相手が求めることをしてあげていたら、不思議と相手も私が求めていることをしてくれることがあるんです」

人が何かしてもらうとお返しをしたくなることを、「返報性の原理」といいます。「自分のことを気にかけてくれている」「好意を抱いてくれている」と感じることで、相手に対しても好意を抱くようになるからかもしれません。

どうやら秋葉さんは、これを自然と実践しているようです。秋葉さんの心遣いに触れた人たちは、彼女の人柄を信頼し、知人を紹介してくれるのです。それがライフプランナーとしての高業績につながっているというわけです。

◉相手を受け容れ、反論から合意につなげる

自分では最善と考えて提案したことであっても、思いがけず「反論」されることもあります。こちらも考えを譲れず、ときには言い合いになってしまうこともあるでしょう。しかし、秋葉さんの場合、反論に対して反論で返すことはしません。

「自分の考えを押し通すことがゴールではなく、相手のほしい・やりたいという決断を促すことが大切です」

相手の考えを聞き流さず、集中して聞く。そして、「おっしゃるとおりですね」と受け止める。とはいっても、素直に引き下がり、相手の言うとおりにするわけではありません。「そうであれば、このようにしてはどうでしょう」とか「それではこんなものはいかがですか」と、代替案や新しいアイデアをぶつけるのです。

相手は、否定や反論を受けると心を閉じてしまうかもしれません。しかし、このように一度相手を受け容れたうえで再度提案を行うことで、相手は自分のことをわかってもらったと感じ、聞く姿勢を維持してくれるものです。

◉立場にとらわれず「一人の人間」として向き合う

「経営者の想いを理解する」というとハードルが高く感じるものですが、「プライベートでの人付き合いと同じことを、仕事でもやっているだけ」と秋葉さん。

たとえば友達を食事に誘うとき、いきなり「ラーメン食べにいこう！」と引っ張っていく人はほとんどいないでしょう。「ダイエット中だったらさっぱりした和食のほうがいいのかな」「カウンターだけのラーメン屋より、カフェとかでゆっくり食べたい気分かもしれない」など、相手の事情や気分を思いやることは、だれでも自然にしていることではないでしょうか。「相手はお客さま」「これはビジネス」と区切るのではなく、一人の人間同士として向き合う。そして、相手に心地よく感じてもらうことから、信頼関係の構築がスタートするのです。

「相手が求めることをしてあげたい」という秋葉さん。しかし、けっして「八方美人」にはなっていないようです。相手が望んでいるからといって、自分が我慢してまで相手に合わせることはしないといいます。

「お客さまだから」「契約を取りたいから」という理由や目的で人と食事に行ったりお酒を飲んだりすることはありません。「仕事につながる人を紹介してくれるなら、付き合いで契約するよ」なんて取引条件を提示してくる人もいますが、「そういうスタンスの方はお断りしています」ときっぱり言い切ります。

「保険の営業と顧客という枠を超えて、人として信頼し合い、公私ともに長く付き合っていける関係を築きたい」

秋葉さんのそんなこだわりが、顧客からの厚い信頼につながっているのでしょう。

◉好きなこと、得意なことを活かして貢献する

営業目的ではなく、お客さまにどういった価値を提供すれば役に立てるのか、秋葉

さんは徹底的に考えます。

経営者のお客さまに対しては、その人の価値観をつかむため、こんな問いかけをよくします。

「経営者にとっての課題はヒト・モノ・カネだと言われますが、一つ挙げるなら社長にとっての課題はどれですか？」

ある社長から「人を育てることだ」という回答を得ていた秋葉さんは、後日、人材育成セミナーの情報を仕入れて案内し、一緒に受講しに行ったこともあるそうです。秋葉さんはその社長にとって「期待以上の提案をもたらすパートナー」となりました。

とはいえ、「相手が望んでいることを提供する」にしても、自分が苦手なことはしません。あくまで自分が好きなこと、得意なことを活かしているのです。

たとえば、ワインが好きな秋葉さんは、お酒が好きな人に会ったらお勧めのワインバーを紹介したり、パーティを開催したりするそうです。

また、女性営業職の育成に悩んでいる経営者がいれば、社員向けに「営業スキルアップセミナー」を開催することも多いのだとか。女性が営業活動をするうえでのコミ

▶ワイン好きの仲間のためにワインパーティを開催。共に楽しむことが人間関係を深くする（写真中央：秋葉さん）

ユニケーション術やプレゼンテーションのノウハウなどについて、その会社にカスタマイズした内容で講演を行うのです。「自分が自信を持っているテーマだから、話すことが楽しい」と言います。

自分が好きなこと、自分が楽しいと感じられることで相手に貢献する。

秋葉さんがまとっている「しなやかさ」のオーラは、そんなポリシーが生み出しているのかもしれません。

柔軟な姿勢で相手に合わせつつ、
相手のペースに呑まれたり振り回されたりはしない。
自分のこだわりを守ってこそ、自分らしくしなやかに生きられる。

何気ない食事会も、準備万端で臨めば「チャンス」になる

業種・職種にかかわらず、「オフ」の場でのコミュニケーションによって人間関係が築かれ、その後の仕事がスムーズに運ぶのはよくあること。特に、食事会ではお酒が入ることで気持ちがオープンになり、人との距離がぐっと近づくものです。

特に「人脈」を大切にする営業職の場合、新しい人と関係を結んだり深めたりすることを目的に、食事会に参加する機会が多くあります。しかし、食事会を仕事につなげるのは難しいと感じている人は多いのではないでしょうか。

竹本亜紀さんはライフプランナーになって間もない頃、ご紹介がなかなか繋がらないお客さまに「職場の皆さんとの食事会に参加させてください」と声をかけていまし

た。そして、その食事会ではじめて出会った人と、高い確率で一対一での商談のアポをとることに成功しました。その秘訣は、食事会の場でのしなやかな振る舞い方にあるようです。

◉参加者情報を事前リサーチする

知らない人が集まる食事会に招かれたら、「とりあえず行って、その場で対面した人に挨拶する」という人が多いことでしょう。しかし竹本さんは、事前リサーチと準備を欠かしません。

「保険屋が食事会に呼んでいただけるチャンスは一回しかないと思っています」

そう考えて、そのチャンスを最大限に活かすための準備をするのです。
竹本さんは、食事会をセッティングしてくれた人に、当日参加するメンバーについてヒアリングします。その人が組織内でどんな役割を担っているのか、どんなキャラクターなのか、情報を得ておくのです。参加する食事会が七人くらいまでの規模であれば全員の、二、三十人規模の場合はその中でも特に親しくなりたい数名のプロフィールや関係性に関する情報をつかんでおきます。そして、特に「強み」や「魅力」についてはしっかり押さえておくのだそうです。

食事会当日、参加メンバーと顔を合わせた竹本さんは、こんなふうに声をかけます。

「○○さんですね。△△さんからお話を伺って、お会いするのを楽しみにしていました。部のムードメーカーとして、いつも職場の空気を明るくされているそうですね」

「□□さんは、チームの頭脳として頼られている方だとお聞きしています。ぜひいろいろと勉強させていただきたいです」

このように、**事前に情報を得ておいた相手の「強み」や「魅力」にフォーカスして語りかける**のです。

「これまで多くのお客さまと接してきて気付けたことですが、大手企業でバリバリ働いて自信たっぷりに見える方も、めちゃくちゃ明るくて悩みなど無さそうな方も、光だけということは無いことを知りました。光に影は付きものなんです。実は自分に自信がなかったり、終わりの見えない不安を抱えて生きている方もいっぱいいます。私の想像力は乏しく恥ずかしいのですが、フルに感受性だけは研ぎ澄まし、思いやりの心を忘れず、出逢える方の良いところ、素晴らしいところだけに注目し、それを言葉にして伝えることが出来れば、自然と笑顔になってくださるんです。私は、その笑顔が見たくて、このお仕事をさせていただいています。何かをしてあげるとかはおこがましく出来ないこともあるかもしれませんが、お一人お一人の人生に寄り添い、人生を共に心から笑って歩いていければ、こんなに幸せな事は無いと思っています」

そんな風に自分を認めて親身に話を聞いてくれる人には当然好印象を抱き、心のトビラをオープンにしてくれることで、いろいろと本音を話してくれるようになるのではないでしょうか。

また、「〇〇さんは陰でこんな努力もされていて、すごいですよね」と他のメンバ

▶一つひとつの出会いを結果につなげてきた。表彰式で同期とともに（写真中央：竹本さん）

ーに話したり、「△△さんは○○さんのこんなところをほめていらっしゃいました」などと伝えたりすることで、グループ内の人間関係も深まります。人と人の気持ちを橋渡しするサポートもしているのです。

こうして信頼を得ることが、ビジネスを超えた長いお付き合いにつながっていると言えそうです。

◉本音は隠さず伝える

個人向け商品の営業をしている人が食事会に参加していると、「売り込まれるんじゃないかな」と思う人も中にはいるでしょう。警戒してバリケードを張る人も少なくないと思います。そうした障壁を、竹本さんはどのように突破しているのでしょうか。

「『もちろん、お客さまになってほしいと思っています！』と笑いながら宣言してしまいます。『必ず、○○さんのお役に立ちますので、一度話だけ聞いてくださいね！』って。相手に本音を話してもらおうと思ったら、まず自分が本音を語らないと。食事会中の雑談でも、本音をばんばん言ってます」

相手を知ることに意識を傾け、会の全体に配慮したコミュニケーションを心掛けながらも、ときには忌憚なく自分の本音をストレートに伝える。そんな潔さが「裏表のない人」という印象につながり、信頼を獲得しているのではないでしょうか。

相手を尊重し、相手を立てながらも、自分の要望はストレートに伝える。
人の顔色を窺って本音を隠しているよりも、
ここぞというときに主張できる人こそ信頼を得られる。

この
法則の
まとめ

▼相手に応じて伝え方を工夫することで、同じことでも受け取られ方は変わる

▼相手に合わせるのではなく、相手のためになるなら言いにくいことでも言う。それがプロのビジネスパーソンとしての信頼獲得につながる

▼視野を広げ、相手の周りにいる人を巻き込むことで物事をよりスムーズに進められる

▼嘘はつかない、本音で勝負する！

Professional Business Woman

法則 10　仕事もプライベートも五感は 360 度フル稼働

人は日々の生活のなかでさまざまなモノや人に出会います。それらをなんとなくやり過ごすのか、意識を傾けてじっくりと向き合うのか。それによって感性の鋭さ、豊かさに差が生まれるものです。

四方八方にアンテナを張って五感をフル稼働させていると、感受性が研ぎ澄まされ、想像力も養われます。想像力は、仕事において欠かせないもの。アイデアや企画を考える仕事はもちろんのこと、人と接するすべての仕事において、相手の考えていることを読み取ったり相手のニーズを察知したりすることに活かされます。近づいてきたチャンスにすばやく気付き、キャッチすることができます。

成功している女性たちは、何に対して五感を働かせ、感性を磨いているのでしょうか。

体験を増やすことで、人への共感力を高める

「食」「旅行」「カルチャー」「アート」――重松和佳子さんは、何ごとも「自ら体験すること」を重視しています。本、テレビ、インターネットから情報を得るだけで終

わらず、それらに触れられる場所に足を運び、自分の目や耳、舌で感じ取るのです。

例えば「一流ホテルのサービスを体験したい」と思ったことがありました。とはいえ、高額なのでなかなか宿泊することはできません。そこで、月一回「ホテルのモーニングを食べる会」を仲間と開催したのだそうです。モーニングであれば比較的リーズナブルでありながら、プロの接客や雰囲気を味わうことができます。自分にできる範囲で、より良いものに触れようと努力をしているのです。

◉ネット上の情報に頼らず、自ら体験する

重松さんを駆り立てるのは、「人一倍大きな向上心」です。

「私には、プロフェッショナルとして勝負するビジネスパーソンになりたいという想いがあります。どうしたらなれるのか。私は人と会うことこそが、成長にはもっとも重要だと思うんです。たった一人との出会いがきっかけで、人生は大きく変わるものだと考えています。私は一流のビジネスパーソンと言われるようになるために、一流のビジネスパーソンとお付き合いしたい。だから彼らと目線や会話を合わせるために

も、一流のものを知っておかないと」

感性に磨きをかけることで、実際に一流と言われるビジネスパーソンとの距離を縮めることができたケースもあります。

年収五千万円は超えるであろう外資系大手企業の社長から、「ぼくが言ってることを理解できる保険営業マンはなかなかいない。でも、重松さんは話が通じるし、感覚が合うから相談しやすい」と言われ、大きな契約を任されたことがあります。

インターネットでさまざまな情報を手に入れられる時代ですが、実際の体験に基づく情報ほどリアリティがあり人の感動を呼ぶものはありません。重松さんは、向上心を大切にし、ナマの体験を積んでいるからこそ、人の心を動かすことができるのです。

「私は群馬の田舎で育ったから、都心への憧れが強くて。ミーハー心でいろんなことにチャレンジしています。でも、背伸びしたことで、経営者や士業のエグゼクティブ層の人々の生活感や価値観の一端を知ることができた。背伸びって、大事です」

◉尊敬できる人に囲まれる環境に身を置く

重松さんは経営の勉強にも力を入れています。

たとえば、ビジネススクールで一年かけて受講。本で読むだけでなく、著名講師の話を「生で聴く」という体験を求め、思い切って百三十万円という費用を投じました。そして日本の産業界をリードしてきた著名な経営者たちから直接講義を受け、苦労や喜びを本人の言葉で聞きました。

また、尊敬する知人から「営業を仕事にしている人が歴史上の人物に興味を持たないなんてもったいない」と言われ、歴史上の偉人の智恵や行動を学ぶ「偉人塾」にも通ったそうです。

常にセミナーや勉強会の情報にアンテナを張り、ピンと来ればすぐに申し込んで、フットワーク軽く出かけていきます。

参加するには当然お金がかかりますが、受講料が高い講座ほど、企業経営者などハイクラスのビジネスパーソンが集まってくるもの。そうした人々に囲まれ、学びを得ることで、重松さんはさらに自分を成長させたいと考えています。

「**自分の周りの人々は、自分の鏡だと思うんです。**意識して、周りの人を尊敬できるような環境に身を置くこと、そういう環境を見つけに行くことが大切だと思います」

「生まれてきたことがそもそも奇跡なのだから、がんばらない理由はどこにもない。ベストを尽くして当たり前」と重松さん。

自分の能力を最大限に高めることで、自分が幸せになり、その幸せを周りにも波及させることを目標としています。

「私と話すことでだれかが夢や目標を見つけたり、勇気を持てたりすればうれしい。自分だけでなく、周りに『スパイラルアップ』を巻き起こしていきたいです」

◉家族ができたことで、感性がさらに深まる

重松さんは、つい最近、第一子である長女を出産しました。

以前から「生まれてきたことがそもそも奇跡」と考えていましたが、よりその考え

▶第一子を出産。これからは子育てを通じ、多くのことを感じながら仕事を続ける（重松さん）

が深まったといいます。自分自身、愛されて育てられ、今ここにいると実感しているそうです。

「私が出会う人も、愛されて、とても大切に育てられた人。そんな方に愛を持って接していきたいし、お客さまが、自分に自信を持って自分らしく輝けるお手伝いをしたいと思います。人は一人では生きられない。みんなで助け合って、愛の交換・リレーができたらよいなと思います」

ライフプランナーを始めた頃は、自分のためにがんばっていました。お客さまが増えると、自分だけではなく、お客さまのためにがんばるようになりました。子どもが生まれ、今後は家族のためにがんばり続けたいと、重松さんは決意を固めています。

「娘には誇りを持って生きてほしいです。そして、自身への誇りとともに、家族のことも誇りに思ってほしい。自分の家族はこんなに素敵なんだ！　そんな家族がいる自分も一生懸命楽しく生きよう！　そう思ってほしい。そのためには、私が自信を持って楽しく生きているところを見せたいし、『人生はこんなに楽しいんだよ』と伝えることが親のつとめかな、と今は考えています。だから私は楽しく仕事を続けたいし、自分らしく輝き続けたいですね」

さまざまな「一流」を体験することで、一流の感覚が養われ、自分も一流に近づける。
豊かな感性を持てば、人と心を通わせられる。
ライフステージでの変化も、生き方を見つめ直し、感性を高めるチャンス。

プライベートを顧みない生活、感じた孤独感

江森陽子さんは、「人」に対する感度を高く保っています。お客さま、会社の同僚、プライベートの友人、家族。だれに対しても、相手を尊重し、丁寧な対応を心がけています。

しかし、そうではない時期もありました。ライフプランナーに転職して間もない頃は、業績を挙げるための営業活動ばかりに没頭し、プライベートの人間関係が薄れてしまっていたといいます。家族から電話がかかってきても出ず、あとから折り返すこともしない。大学時代の友人から連絡が来ても「忙しいから」と食事の誘いを断る。

そんな時期がしばらく続きました。

そんなふうにプライベートを顧みず仕事に打ち込んでいたとき、ふと孤独感を覚えた江森さん。人をぞんざいに扱えば、それは自分に跳ね返ってくる。それを痛感したのでした。

「自分ががんばれるのは、応援してくれる人、成功を一緒に喜んでくれる人がいてこそ……そう気付いたんです。一旦離れた人の心を取り戻すのはとても難しいことにも。以来、お客さまはもちろんのこと、会社の仲間、プライベートでかかわる人たちも含め、自分にとって大切な人をちゃんと大切にしよう、と思いました」

◉人の喜ぶことにアンテナを張る

人を大切にする。そんな決意を、江森さんは具体的にどう実践したのでしょうか。

それは、「相手が喜ぶことを考え、実行する」ということでした。といっても、何か大きな計画を立てて綿密に準備するといったことではありません。

たとえば、旅行先のお店でキャラクターグッズを目にすると「○○さんはこのキャラクター好きだったな」と思い出し、買っておいて会ったときにプレゼントします。たった数百円のものでも、気持ちを込めることが大切。高価なものは逆に相手に負担を感じさせるのであえて避けます。

お酒好きの同僚からの「二日酔いがつらい」というＬＩＮＥメッセージを見たときは、自分の実家でつくっているウコンを渡したこともありました。

▶常に人の感性にアンテナをはるからこそ、仲間が増えていく。応援してくれる支社の仲間たちと（写真1列目右：江森さん）

相手が喜ぶ顔を見て、「もっともっと皆を喜ばせたい」という気持ちが強くなっていきました。

「この人は何をしてあげたら喜ぶんだろう。笑ってくれるんだろう」

常にそう考え、行動していると、やがてそれは自分にも返ってくるようになりました。思いがけない人物を紹介してもらい、それが仕事に活かされることが増えてきたのです。「人は皆つながっている」。そう実感しています。

◉人の五感にもフォーカスする

初対面の人に会うときも、まっさきに「この人にはどんなことをすれば喜んでもらえるのかな」と考えるクセがついた江森さん。

通常、多くの営業パーソンは、商品の販売に結びつくような相手の課題・ニーズを引き出すことに集中しがちですが、彼女はさりげない雑談の中からも相手の価値観を探っています。

「お休みの日は何をされているんですか」
「趣味は何ですか」
「何か習いごとや勉強はされていますか」
「だれと飲みに行くことが多いのですか」

打ち解けてきた相手には、

「将来の夢や目標はありますか」

「ご自身はどうありたい、どうなりたいと思っていらっしゃるのですか」「私の場合はこうなんですが～」「私はこういうふうになりたくてこんなことをしているんですが～」といったように**まず自分自身が心をオープンにし、自分の話をすると、相手も話してくれやすくなる**といいます。

相手の価値観や目指しているものをつかみとり、相手が幸せな気持ちになれるように、相手が目標達成に近づけるようにサポートする。そうすることで、より多くの人とつながり、信頼関係を深めていくことができるのです。

人の感情、想い、こだわり、夢に対して敏感になる。
それらを汲み取り、相手に寄り添うように接することで、関係をより深められる。

ときには会社を飛び出して

「仕事中、デスクにじっと座っていることはほとんどありません」

そう話すのは冨田香織さん。支社長として忙しい日々を送っています。

前職のときから、長時間デスクに座ったまま過ごすことは苦手だったといいます。普段から、研修やセミナーには積極的に参加し、話題の場所に行ったり、書店に立ち寄って新刊をチェックするなど、外に目を向けるようにしているそうです。

●じっと座っているだけでは、発想は広がらない

「デスクに座っていても、想像し得ることしか起きない。動き回っていれば、景色が変わるし、いろいろな人に出会う。思いがけないことも起こる。新たな発想はそこから生まれると思います」

自分の担当顧客と営業戦略に集中していたライフプランナー時代とは異なり、管理職となると目配り、気配りをする範囲がまったく変わります。全社の経営方針、それを踏まえた支社の戦略、日々の数値管理、メンバーのモチベーション管理、人材採用、中長期を見据えた人材育成など、課題は山積みです。

動き回ることを習慣付け、四方八方にアンテナを張ってきた冨田さんだからこそ、さまざまな課題に同時に意識を向けられるのでしょう。

◉五感を共有することで相互理解は深まる

情報収集だけではなく、人との関係においてもさまざまなバックグラウンドや経歴を持つ人たちと積極的にかかわるようにしているといいます。自らビジネスの勉強会を主催し、多くの人に来てもらうのだそうです。

「自分と似ている人や、いつもの友人と過ごすのも、安心感があってリラックスできます。でもそれでは自分自身の成長や広がりにはつながらない。だから自分に持っていないものを持つ人との出会いの場を企画し、刺激をもらっています。そこで知り合った仲間が、自分が困ったときの助けになったり、また自分が相手の助けになったりもしています」

こうして「さまざまな仲間と刺激しあいながら成長していく」ということに取り組んでいるのです。

なお、勉強会を開催する際には、食事会もセットにします。「おいしい」という共通の感動体験をすることによって、お互いの関係をぐっと縮めているのです。相手と距離を縮めるうえで、感動を共有することは非常に効果的といえるのではないでしょうか。

一人でじっと考え込むより、外に飛び出してセンサーをフル稼働させるほうが新しい発想が生まれやすくなる。
自分にはないものを持つ人との交流により、感性が磨かれる。

この法則のまとめ

▼周囲の人の価値観（感情、想い、こだわり、夢）に寄り添うことで、自分自身の感性を高められる
▼時に、一流のものを体験してみることで、感性は磨かれる
▼自分と似たタイプの人と過ごすだけでなく、さまざまな人とかかわることで、感性がより豊かになる

おわりに

プルデンシャル生命では「多様な人材にライフプランナーとして活躍してほしい」という方針を掲げ、二〇〇八年に「多様化推進チーム」を発足させました。以来、同社では女性ライフプランナーが増え続けています。

「女性活躍」を重要課題として力を入れるのが、取締役の阿野安雄氏。阿野氏は長くライフプランナー、所長、また支社長を務めたのち、営業本部長としてプルデンシャルのメキシコオフィスに駐在した時、女性と男性が同等に活躍し、両者の強みを活かしてシナジー効果を生んでいる様子を目の当たりにしました。「女性ライフプランナーがさらに活躍することで男性も刺激を得て、双方がスパイラルアップできるはず」。そんな阿野氏の確信が、「Ｍａｋｅ ａ Ｃｈａｎｃｅ Ｐｒｏｊｅｃｔ（メイク・ア・チャンス・プロジェクト）」の立ち上げにつながったのです。

本書でご紹介した十人の女性たちが代表するように、同社では多くの女性がプロフェッショナルとして成功し、輝きながら活躍しています。阿野氏は女性ライフプランナーの仕事ぶりを見て、女性が持つ能力を高く評価しています。

「女性はさまざまな強みを兼ね備えています。きめ細かさ、人当たりのよさ、『プラスワン』を提供するサービス精神、コツコツ努力する姿勢、粘り強さ、芯の強さ――。それらを活かしてもっともっと多くの女性に活躍してほしい。がんばりたい人がチャンスを与えられる場を見つけ、そのチャンスを役立てて、自身の成長・成功に結びつけていただきたいと思っています」（阿野氏）

本書を読んでくださった皆さんの中には、今回ご紹介した十人の女性たちの中から、生き方、考え方、仕事へのスタンスに共感できる人を見つけた方もいらっしゃるのではないでしょうか。あるいは「こんなふうに働く女性になりたい」と、自身のロールモデルを見つけた方もいるかもしれません。

まだ行動を起こせていないあなたは、これをきっかけに、できるところから一歩を踏み出してみませんか。その行動が、思いもよらなかったチャンスを呼び寄せるかもしれません。本書が、あなたが成功への道を進む一助になることをお祈りしています。

チーム「Ｍａｋｅ ａ Ｃｈａｎｃｅ」

Beck's ⑩

プルデンシャル生命の
真のプロフェッショナル・セールスパーソン
であるライフプランナーの職業の内容。

Beck's 1	**Free to Work**

勤務時間が朝9時から夕方5時というように、
時間に制約されることなく仕事ができる。

Beck's 2	**Profession**

専門職であり、知的産業である。

Beck's 3	**Lifetime Learning**

生涯、経験を通じて学ぶことができる。

Beck's 4	**Commission** (Contribution = Compensation)

自らが生み出す結果によって、
報酬を得ることができる。

Beck's 5 | **Honest Business**

正直で、誠意ある職業である。

Beck's 6 | **People Business**

人々との出会い、
ふれ合いの職業である。

Beck's 7 | **Build Clients**

顧客を自らが創造、
広げることができる。

Beck's 8 | **Pride of My Job**

誇りが持てる仕事であり、
誇りが持てる会社である。

Beck's 9 | **Perfect Product**

社会に貢献しうる商品を扱うことができる。

Beck's 10 | **Opportunity to Choose My Course**

セールスマン専門職としても管理職としても、
進む道を選択できる。

プルデンシャル生命

チーム「Make a Chance（メイク ア チャンス）」

2015年、プルデンシャル生命が「輝きたいすべての女性にチャンスを！」という想いのもと、同じく女性活躍推進の活動に取り組むメンバーと共に「Make a Chance Project」を発足。

「現在の日本では女性活躍推進の気運が高まっているが、現実には多くの女性が公正な評価を得られていない。頑張っているのになかなか評価されにくい、さらに子育て中の女性には正規雇用のチャンスすら少ない、働きたくてもその一歩が踏み出せないでいる」という現状に対し、メッセージ発信やノウハウ提供を行う。

プルデンシャルという会社の枠をこえて、世の中の女性たちがチャンスをつかみ、真の幸せ、成功を手に入れるためのお手伝いをすることを目指す。

活動の一環として、「チャンスをつかんだ女性」に共通するルールをまとめ、「輝きたい」と考えている女性たちに届ける機会を提供。全国で女性のためのセミナーを開催している。すでに、東京、大阪、名古屋、福岡など全国で開催。社内外の講師を交えたトークセッション形式をとっており、参加後のアンケート調査においては満足度96%と好評を得ている。

人生で
チャンスをつかむ女性の
10の法則
プロフェッショナルビジネスウーマン

2016年10月17日　第一刷発行

著　　者　プルデンシャル生命
　　　　　チーム「Make a Chance（メイク ア チャンス）」

発 行 者　長坂嘉昭

発 行 所　株式会社プレジデント社
〒102-8641
東京都千代田区平河町2-16-1 平河町森タワー13階
http://president.jp
http://str.president.co.jp/str/
電話：編集（03）3237-3732　販売（03）3237-3731

装　　丁　鈴木大輔・江﨑輝海（ソウルデザイン）

編　　集　粟田あや（株式会社アイクリエイト）　青木典子　桂木栄一

製　　作　関結香

販　　売　高橋徹　川井田美景　森田巌　遠藤真知子
　　　　　塩澤廣貴　末吉秀樹

印刷・製本　図書印刷株式会社

ISBN978-4-8334-2196-6
Printed in Japan